D1699797

Jürgen Mies

Flugnavigation

Jürgen Mies

Flugnavigation

Motorbuch Verlag Stuttgart

Einbandgestaltung: Johann Walentek

ISBN 3-613-01632-X

1. Auflage 1994

Copyright 1994 by Motorbuch Verlag, Olgastraße 86, 70180 Stuttgart
Ein Unternehmen der Paul Pietsch-Verlage GmbH & Co.
Sämtliche Rechte der Speicherung, Vervielfältigung und Verbreitung sind vorbehalten.

Produktion: Air Report Verlag, 64739 Höchst
Druck und Bindung: Konrad Triltsch, 97070 Würzburg

Printed in Germany

Die Informationen und Daten in diesem Handbuch sind von Autor und Verlag sorgfältig erwogen und geprüft. Dennoch kann eine Garantie für Richtigkeit und Vollständigkeit nicht übernommen werden. Eine Haftung des Autors bzw. Verlags und seiner Beauftragten für Personen-, Sach- und Vermögensschäden ist ausgeschlossen.

Inhalt

Vorwort 9

1. Einführung
Was ist Navigation? 12

Überblick über das Buch 15

2. Erde
Gestalt der Erde 18

Standort 19
    Geographisches Koordinatensystem 19
    Großkreise und Kleinkreise 20
    Geographische Koordinaten 23
    Breiten- und Längenunterschied 24
    Rechnen mit Koordinaten 25

Entfernung 26
    Entfernungsmaß - NM 26
    Abweitung 27

Richtung 29

Großkreis und Kursgleiche 31

Kontroll- und Übungsaufgaben 34

3. Zeit
Jahr 36

Tag 38

Zeitsysteme 40
    Mittlere Ortszeit 40
    Zonenzeit 40
    Standardzeit - Mitteleuropäische Zeit 41
    Mitteleuropäische Sommerzeit 42
    Koordinierte Weltzeit 42

Sonnenaufgang und Sonnenuntergang 44

Dämmerung 46

Nacht 46

Kontroll- und Übungsaufgaben 47

4. Luftfahrtkarten

Allgemeines 50

Maßstab 51

Projektionsarten 52

Lambertsche Schnittkegelprojektion 54

Merkatorprojektion 56

Azimutalprojektion 58

Überblick über die Luftfahrtkarten 58

Luftfahrtkarte ICAO 1:500.000 60

Sichtan-/-abflugkarten und Flugplatzkarten 64

Streckenkarte 69

Absetzen von Kursen und Entfernungen 69
    Kursentnahme 69
    Entnahme der Entfernung 72

Geographie Deutschlands 73

Kontroll- und Übungsaufgaben 76

5. Windeinfluß

Einfluß des Windes auf die Navigation 80

Rückenwind und Gegenwind 82

Winddreieck 84
    Beispiele zum Winddreieck 88

Querwind und Längswind 91

Kontroll- und Übungsaufgaben 95

6. Magnetkompaß

Erdmagnetfeld 98

Aufbau des Magnetkompasses 104

Kompaßablenkung - Deviation 106

Dreh- und Beschleunigungsfehler des Kompasses 108
    Kompaß-Drehfehler 108
    Kompaß-Beschleunigungsfehler 111

Magnetkompaß und Kurskreisel 113

Kontroll- und Übungsaufgaben 114

7. Kurse

Kursschema 116

Kursverbesserung (1:60 Regel) 119

Kontroll- und Übungsaufgaben 122

8. Flughöhe

Mindesthöhe 124

Reiseflughöhe 125

Kontroll- und Übungsaufgaben 126

9. Navigationsrechner

Allgemeine Beschreibung 128

Multiplikation und Division 131

Umrechnung von Entfernungen, Geschwindigkeiten, Flüssigkeitsmengen
und Gewichten 133
    Maßeinheiten und deren Umrechnungen 134
    Umrechnung von Entfernungen 134
    Umrechnung von Geschwindigkeiten 136
    Faustformeln für die Umrechnung von Entfernungen und Geschwindigkeiten . 136
    Umrechnung von Flüssigkeitsmengen 138
    Umrechnung von Gewichten (Massen) 138
    Gewichtsberechnung aus Flüssigkeitsmengen 140

Berechnung von Steigflug- und Sinkfluggeschwindigkeiten und -zeiten 142

Zeitskala - Umrechnung von Zeiten 144

Weg-Zeit-Geschwindigkeitsaufgaben 146

Kraftstoffverbrauchsberechnungen 149

Berechnung der Werte von Sinus und Kosinus 153

Winddreiecksaufgaben 153

Kontroll- und Übungsaufgaben 158

10. Flugplanung und Flugdurchführung

Flugvorbereitung und Flugplanung 160
    Flugzeugdaten 163
    Daten zum Startflugplatz, Flugstrecke und Zielflugplatz 163
    Flugwetter 163
    Festlegung der Flugroute 163
    Flughöhe 164

  Kurse 165
  Flugzeiten 165
  Ausweichflugplatz 172

 Flugdurchführung 172

 Tips für die Flugplanung und Flugdurchführung 177

 Orientierungsverlust 178

 Navigationsaufgabe 179
  Aufgabe 179
  Lösung 181

11. Anhang

 Lösungen zu den Kontroll- und Übungsaufgaben 194
  Kapitel 2 „Erde" 194
  Kapitel 3 „Zeit" 195
  Kapitel 4 „Luftfahrtkarten" 196
  Kapitel 5 „Windeinfluß" 202
  Kapitel 6 „Magnetkompaß" 206
  Kapitel 7 „Kurse" 208
  Kapitel 8 „Flughöhe" 211
  Kapitel 9 „Navigationsrechner" 212

 Wetterberatung der Allgemeinen Luftfahrt 213

 Abkürzungen 220

 Literaturverzeichnis 222

 Der Autor 223

Vorwort

Der vorliegende 2. Band der Privatpiloten-Bibliothek enthält alle Themenbereiche des Lehrfaches „Flugnavigation", wie sie gemäß den Richtlinien des Bundesministeriums für Verkehr für die Ausbildung von Privatpiloten vorgeschrieben sind, ausgenommen den Bereich „Funknavigation". Dieses Thema wird in Band 3 ausführlich behandelt werden.

Das theoretische Wissen über die Flugnavigation kann mit Hilfe dieses Buches weitestgehend im Selbststudium erarbeitet werden. Jedes Kapitel enthält Beispielaufgaben und ist als Lernschritt in sich abgeschlossen. Am Ende jedes Kapitels steht eine Zusammenfassung. Ob man alles verstanden hat, kann man anhand der Kontroll- und Übungsaufgaben selbst überprüfen. Alle Aufgaben werden am Ende des Buches gelöst und ausführlich erklärt.

*Für die praktische Flugnavigation benötigt man einiges Handwerkszeug:
Eine Luftfahrtkarte ICAO 1:500.000, ein Luftfahrthandbuch AIP VFR, einen Navigationsrechner, ein Kursdreieck, Lineal, Zirkel, Bleistift und Papier.*

Wer alle Kapitel, insbesondere das letzte Kapitel über Flugplanung und Flugdurchführung, sorgfältig durchgearbeitet, alle aufgeführten Beispiele nachvollzogen und die gestellten Kontroll- und Übungsaufgaben gelöst hat, kann sicher sein, das Thema „Flugnavigation" verstanden zu haben.

Höchst, im September 1994

Jürgen Mies

Kapitel 1
Einführung

Was ist Navigation?

Wir wollen vom Flugplatz Aschaffenburg zum Flugplatz Würzburg-Schenkenturm fliegen. Auf der Luftfahrtkarte ziehen wir einen Strich von Flugplatz zu Flugplatz. Das ist die Kurslinie. Mit einem Kursdreieck, einem speziellen Winkelmesser, messen wir den Kurs mit 102°, die Entfernung beträgt 33 NM (Nautische Meilen). Von der telefonischen Wettervorhersage erhalten wir den mittleren Wind für die Strecke mit 330/15, d.h. Wind aus 330° mit einer Stärke von 15 kt (Knoten). Wir müssen das Flugzeug nach links gegen den Wind vorhalten, um nicht vom Kurs abzukommen.

Die Berechnung ergibt einen Vorhaltewinkel von 6°, der Steuerkurs wird also 096° betragen. Aufgrund der geplanten Fluggeschwindigkeit werden wir für die Flugstrecke etwa 17 Minuten Flugzeit benötigen. Die Flughöhe legen wir mit 4.500 ft (Fuß) fest; damit kommen wir sicher über jedes Hindernis. Auf einem Blatt, dem Flugdurchführungsplan, notieren wir Kurse, Flugzeiten und markante Landschaftspunkte entlang der Strecke.

Wir fliegen! In den Flugdurchführungsplan tragen wir die Startzeit vom Flugplatz Aschaffenburg ein. Nach 6 Minuten haben wir unsere Reiseflughöhe erreicht. Mit dem Kompaß halten wir den Steuerkurs 096°. Die Luftfahrtkarte auf den Knien liegend vergleichen wir die Landschaft mit der Karte. Wir genießen den Spessart. Da ist die Autobahn Frankfurt-Würzburg und der Geiersberg, die Überflugzeit wird im Flugdurchführungsplan notiert. Ein paar Minuten später passieren wir den Main zwischen den Orten Rothenfels und Marktheidenfeld, 2 Minuten früher als berechnet. Wir korrigieren die geplante Ankunftszeit für Würzburg......

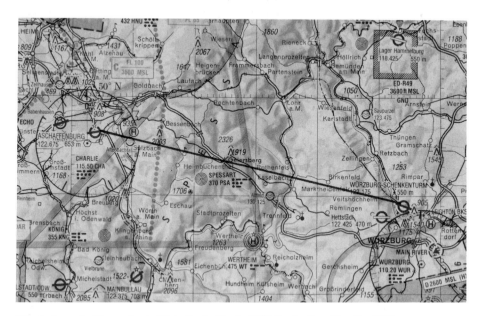

Abb. 1: Ausschnitt aus der Luftfahrtkarte für die VFR-Navigation (Quelle: DFS).

Was hier als Beispiel beschrieben wird, ist Navigation, genauer gesagt Flugnavigation. Flugnavigation, das ist das sichere Führen eines Luftfahrzeuges von einem Ausgangsort zu einem Zielort und die Bestimmung des jeweiligen Standortes. Navigation beginnt nicht erst in der Luft, sondern, wie es das Beispiel zeigt, schon als Flugplanung vor dem Fluge. Die Flugnavigation gibt Antwort auf folgende Fragen:

- **Standort**
  „Wo bin ich?"
- **Kurs**
  „In welcher Richtung liegt mein Zielort?"
- **Entfernung**
  „Wie weit ist es bis zum Zielort?"
- **Zeit**
  „Wann bin ich am Zielort?"
- **Flughöhe**
  „Wie hoch muß ich fliegen?"

Es gibt verschiedene Möglichkeiten, Flugnavigation durchzuführen. Für die Wahl der Navigationsart sind u.a. die Sichtverhältnisse und die anzuwendenden Flugregeln entscheidend. Ist die Sicht gut, kann man nach Sichtflugregeln fliegen und nach Sicht navigieren; ist die Sicht schlecht oder führt der Flugweg durch Wolken, muß man nach Instrumentenflugregeln fliegen und dabei Funknavigation durchführen.

Dieses Buch behandelt die Navigation bei Anwendung der Sichtflugregeln, wie sie im Rahmen der Ausbildung zum Privatpiloten gelehrt wird. Sichtflugregeln heißt im Englischen **V**ISUAL **F**LIGHT **R**ULES, abgekürzt VFR. Die Abkürzung ist in der Luftfahrt sehr gebräuchlich. Wir bezeichnen daher die Navigation unter Sichtflugregeln als VFR-Navigation.

In der VFR-Navigation werden vor allem die Sichtnavigation und die Koppelnavigation und in begrenztem Umfang auch die Funknavigation angewendet.

Bei der Sichtnavigation (engl. Visual Navigation) - auch terrestrische Navigation genannt - führt der Pilot das Flugzeug entlang markanter, gut sichtbarer Geländepunkte oder Geländelinien von einem Ort zum anderen. Diese Geländepunkte bzw. -linien wie z.B. Städte, einzelne Türme, Autobahnen oder Flüsse entnimmt der Pilot einer Karte (Luftfahrtkarte). Durch Aufsuchen dieser Punkte und Linien und Vergleichen mit der Karte findet er den Flugweg. Das Ergebnis der Sichtnavigation ist eine terrestrische Standlinie (engl. Visual Line of Position), z.B. ein Fluß, oder ein Standort (engl. Position), z.B. Kreuzungspunkt einer Autobahn mit einer Eisenbahnlinie.

Sichtnavigation sollte nur bei guter Sicht am Tage angewendet werden und ist über schlecht kartographiertem Gelände, über Wasser, bei Nacht oder bei schlechten Sichtverhältnissen nicht oder nur eingeschränkt möglich. Fast immer wird die Sichtnavigation in Verbindung mit der Koppelnavigation, u.U. zusätzlich in Verbindung mit der Funknavigation durchgeführt.

Bei der Koppelnavigation (engl. Dead Reckoning Navigation) wird der Standort eines Luftfahrzeuges rechnerisch aus Fluggeschwindigkeit, Richtung, Zeit und Wind ermittelt. „Koppeln" bedeutet, daß man den jeweiligen Standort durch „Anlegen" (Ankoppeln) des zurückgelegten Weges an den Abflugort oder an den letzten bekannten Standort bestimmt, indem man den Flugweg aus der Geschwindigkeit des Luftfahrzeuges (Fahrtmesserablesung), der Richtung (Kompaßablesung), der Windstärke und -richtung (von der Wetterwarte eingeholt und während des Fluges bestimmt), sowie der geflogenen Zeit (Uhr) berechnet. Das Ergebnis der Koppelnavigation ist ein errechneter Standort, genannt Koppelort (engl. Dead Reckoning Position).

Die Koppelnavigation stellt eigentlich die Grundlage jeder Navigation dar. Auch bei der Sichtnavigation wird, wie es das Navigationsbeispiel zeigt, der Flugweg vorher berechnet. Die Berechnung ergibt einen bestimmten Kurs und eine bestimmte Flugzeit. Durch Sichtnavigation werden die errechneten Werte überprüft: Stimmt der Kurs? Stimmt die Flugzeit? Im Beispiel wurde mit Hilfe der sichtbaren Geländelinie „Fluß Main" festgestellt, daß die errechnete Zeit korrigiert werden muß.

Die Funknavigation (engl. Radio Navigation) gehört heute zu den zuverlässigsten und am häufigsten angewendeten Navigationsverfahren in der Verkehrsluftfahrt. Ihr größter Vorteil liegt darin, daß auch bei schlechtem Wetter, ohne Sicht nach außen, eine genaue Navigation möglich ist.

Deshalb werden Flüge nach den Instrumentenflugregeln (engl. Instrument Flight Rules, IFR) grundsätzlich nach Funknavigationsverfahren durchgeführt. Dabei werden Flugweg und Standort mit Hilfe von am Boden aufgestellten Funknavigationsanlagen bestimmt. Im Luftfahrzeug werden die Signale der Funknavigationsanlagen empfangen und auf Instrumenten zur Anzeige gebracht.

Funknavigationanlagen dienen in erster Linie der IFR-Navigation. Sie werden aber auch für die VFR-Navigation genutzt, vorausgesetzt, das Luftfahrzeug verfügt über eine entsprechende Bordausrüstung.

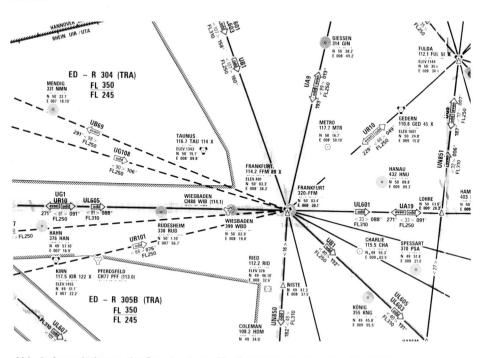

Abb. 2: Ausschnitt aus der Streckenkarte für die IFR-Navigation (Quelle: DFS).

Überblick über das Buch

Das Thema Flugnavigation dreht sich im wesentlichen um die Bestimmung von Standort, Kurs, Entfernung und Zeit. Am Anfang steht daher die Erläuterung dieser Begriffe. Im Kapitel 2 „Erde" werden die Festlegungen von Standort, Richtung bzw. Kurs und Entfernung auf der Erde beschrieben. Das umfangreiche Thema Zeit wird in einem eigenen Kapitel 3 „Zeit" behandelt.

Die eigentliche praktische Navigationsarbeit beginnt mit Kapitel 4 „Luftfahrtkarten". Karten sind gerade in der VFR-Navigation ein unentbehrliches Handwerkszeug. Neben der Darstellung der verschiedenen Kartentypen wird das Herausnehmen von Kursen und Entfernungen aus der Karte geübt. Leider kann der entnommene Kurs, der Kartenkurs, nicht unmittelbar vom Piloten geflogen werden. Der Wind versetzt nämlich das Luftfahrzeug von der Kurslinie, es muß deshalb in den Wind vorgehalten werden.

Der Vorhaltewinkel, die Größe des Steuerkurses und der Einfluß des Windes auf die Geschwindigkeit über Grund lassen sich im Winddreieck berechnen, wie es im Kapitel 5 „Windeinfluß" gezeigt wird.

Das Instrument, mit dem der zu fliegende Kurs gehalten wird, ist der Magnetkompaß. Funktion und Aufbau des Magnetkompasses ist Thema des Kapitels 6 „Magnetkompaß". Der am Kompaß angezeigte Kurs ist der Kompaßsteuerkurs. Der Kurs muß also vom Kartenkurs zum Kompaßsteuerkurs umgerechnet werden. Diese Umrechnung wird anhand von Beispielen im Kapitel 7 „Kurse" dargestellt.

Die Flugnavigation behandelt nicht nur die Frage nach dem richtigen Flugweg von A nach B, sondern auch nach dem *sicheren* Flugweg. Dem Thema „Flughöhe" ist daher ein eigenes Kapitel 8 gewidmet.

In der Flugnavigation müssen viele Berechnungen wie z.B. Berechnung der Flugzeit, des Kraftstoffbedarfs, des Vorhaltewinkels usw. durchgeführt werden. Hierfür sind besondere Navigationsrechner entwickelt worden. Im Kapitel 9 „Navigationsrechner" wird das Rechnen mit einem Navigationsrechner anhand vieler Beispiele demonstriert.

Im Kapitel 10 „Flugplanung und Flugdurchführung" schließlich wird anhand eines Beispiels die navigatorische Planung und Durchführung eines Fluges im Detail erklärt. Dabei werden viele praktische Tips gegeben.

Kapitel 2
Erde

Gestalt der Erde

Navigation auf einer ebenen Erde wäre eine einfache Angelegenheit. Die Erde ist jedoch rund, sie ist eine Kugel. Die Erdkugel dreht sich innerhalb von 24 Stunden einmal um ihre Achse, die Erdachse. Die Drehrichtung ist West - Ost, d.h. für einen Beobachter am Nordpol entgegen dem Uhrzeigersinn. Die Erdachse „durchstößt" die Erdoberfläche in den Erdpolen: Der Nordpol liegt in der Arktis, der Südpol in der Antarktis. Der Äquator teilt die Erde in eine nördliche und eine südliche Halbkugel; die Äquatorebene steht senkrecht zur Erdachse.

Die Abplattung beträgt also etwa 1/300stel des mittleren Erddurchmessers. Für die navigatorische Berechnung kann die Erde in den meisten Fällen als Kugel betrachtet werden, ohne daß dabei erhebliche Fehler auftreten. Für diese Erdkugel ist ein mittlerer Erddurchmesser von 12.735 km und ein mittlerer Erdumfang von 40.000 km festgelegt.

Zusammenfassung

Die Erde ist annähernd eine Kugel. An den Polen, Nord- und Südpol, ist die Erde leicht abgeplattet. Die Erdkugel dreht sich um die Erdachse von West nach Ost.

Mittlerer Durchmesser   12.735 km
Mittlerer Umfang   40.000 km
Abplattung   ca. 1/300 des mittl. Durchmessers

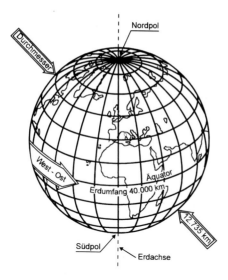

Abb. 3: Die Erde.

Die Gestalt der Erde weicht in Wirklichkeit geringfügig von der Kugelform ab, und zwar ist die Erde im Bereich der beiden Pole etwas abgeplattet. Der Durchmesser in der Äquatorebene mißt 12.756 km, von Pol zu Pol 12.714 km; ein Unterschied von 42 km.

Standort

Geographisches Koordinatensystem

Zur genauen Festlegung eines Standortes (engl. Position) auf der Erde ist die Erdkugel mit einem gedachten System von Kreisen überzogen, dem geographischen Koordinatensystem (oder Koordinatennetz). Die Kreise, die das Koordinatensystem bilden, heißen Breiten- und Längenkreise.

Breitenkreise, auch Breitenparallele (engl. Parallels of Latitude) genannt, sind Kreise auf der Erdkugel, die parallel zum Äquator verlaufen. Längenkreise, auch Meridiane (engl. Meridians) genannt, sind Halbkreise, welche die geographischen Pole miteinander verbinden; sie schneiden alle Breitenkreise und den Äquator rechtwinklig. Den durch einen Ort verlaufenden Meridian nennt man auch Ortsmeridian (engl. Upper Meridian), den dem Ort genau gegenüberliegenden Meridian Gegenmeridian (engl. Anti Meridian).

Alle Längenkreise sind gleich lang, sie haben die halbe Länge eines Großkreises. Breitenkreise dagegen sind Kleinkreise und um so kleiner, je größer ihr Abstand vom Äquator ist. Durch jeden Punkt auf der Erde verläuft ein Breitenkreis und ein Längenkreis (Pole ausgenommen). Ein Standort auf der Erde läßt sich also im Koordinatensystem durch den Schnittpunkt eines bestimmten Breitenkreises mit *einem* bestimmten Längenkreis genau festlegen.

Damit man die einzelnen Breitenkreise und Längenkreise voneinander unterscheiden kann, werden sie mit ihrem Winkelabstand und ihrer Richtung von Bezugskreisen (auch Nullkreise) aus bezeichnet. Für die Breitenkreise ist der Bezugsbreitenkreis der Äquator. Von ihm aus zählt man den Abstand der Breitenkreise nördlich und südlich als Winkel zwischen der Äquatorebene und dem Breitenkreis, gemessen vom Erdmittelpunkt aus. Diesen Winkelabstand vom Äquator nennt man die geographische Breite (engl. Latitude, Lat); sie wird mit dem griechischen Buchstaben Phi bezeichnet.

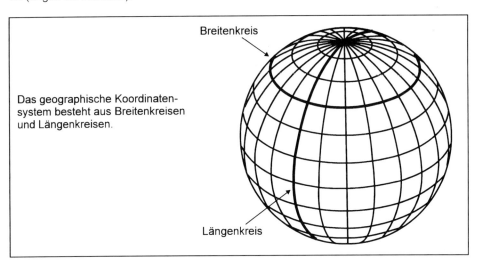

Das geographische Koordinatensystem besteht aus Breitenkreisen und Längenkreisen.

Abb. 4: Breitenkreise und Längenkreise.

Großkreise und Kleinkreise

Auf der Erde lassen sich, wie auf jeder anderen Kugel auch, Kreise ziehen, deren Größe von der Entfernung vom Kugelmittelpunkt abhängig ist. Der größte Kreis, der sich auf einer Kugel ziehen läßt, ist ein Kugelkreis, dessen Ebene durch den Kugelmittelpunkt geht und diese in zwei gleich große Hälften teilt. Er wird Großkreis (engl. Great Circle, GC) genannt.

Derjenige Großkreis auf der Erde, dessen Ebene senkrecht zur Erdachse steht, heißt Äquator. Großkreise, die durch die beiden Pole gehen, schneiden die Erde in zwei gegenüberliegenden Meridianen.

Kugelkreise, deren Ebenen nicht durch den Kugelmittelpunkt gehen, sind Kleinkreise (engl. Small Circle, SC).

Alle Kleinkreise auf der Erdoberfläche, die parallel zum Äquator verlaufen, heißen Breitenparallele oder Breitenkreise. Sie sind um so kleiner, je größer ihr Abstand vom Äquator ist.

Jede Ebene durch den Erdmittelpunkt schneidet die Erde in einem Großkreis.

Jede Ebene, die nicht durch den Erdmittelpunkt geht, schneidet die Erde in einem Kleinkreis.

Der Äquator ist ein Großkreis.

Breitenkreise sind Kleinkreise.

Zwei gegenüberliegende Meridiane bilden einen Großkreis.

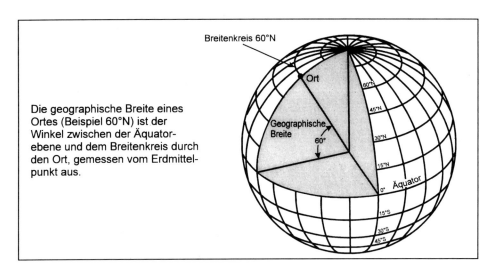

Die geographische Breite eines Ortes (Beispiel 60°N) ist der Winkel zwischen der Äquatorebene und dem Breitenkreis durch den Ort, gemessen vom Erdmittelpunkt aus.

Abb. 5: Geographische Breite.

Die geographische Breite ist Nord (N) oder Süd (S), je nachdem ob der Breitenkreis nördlich oder südlich des Äquators liegt. Der Äquator als Bezugsbreitenkreis hat die geographische Breite 0°. Nord- und Südpol der Erde liegen je 90° vom Äquator entfernt; ihre geographischen Breiten betragen somit 90°N und 90°S. Orte, die östlich oder westlich voneinander liegen, haben alle dieselbe geographische Breite, denn sie liegen alle auf dem gleichen Breitenkreis.

Als Bezugskreis für die Zählung der Meridiane, also als Nullmeridian oder Anfangsmeridian (engl. Prime Meridian), wurde der Meridian durch die ehemalige Sternwarte von Greenwich (Stadtteil von London) festgelegt; man nennt diesen Meridian daher auch Greenwich-Meridian. Die geographische Länge (engl. Longitude, Lon) eines Ortes ist der Winkel zwischen dem Nullmeridian und dem durch den Ort verlaufenden Meridian (Ortsmeridian), gemessen in der Äquatorebene vom Erdmittelpunkt aus. Man bezeichnet die geographische Länge mit dem griechischen Buchstaben Lambda.

Liegt der Längenkreis westlich vom Greenwich-Meridian, so ist die geographische Länge West (W), liegt er östlich, so ist die geographische Länge Ost (O, engl. Abk. E). Die geographische Länge mißt von 0° bis maximal 180°W und 180°O. Die Meridiane 180°W und 180°O fallen zusammen, sie sind beide Gegenmeridian vom Greenwich-Meridian.

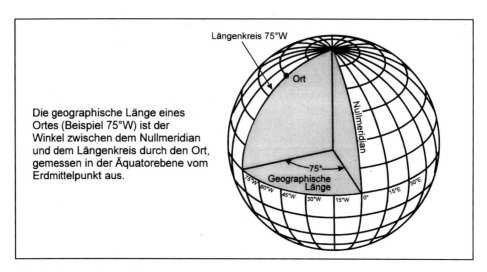

Die geographische Länge eines Ortes (Beispiel 75°W) ist der Winkel zwischen dem Nullmeridian und dem Längenkreis durch den Ort, gemessen in der Äquatorebene vom Erdmittelpunkt aus.

Abb. 6: Geographische Länge.

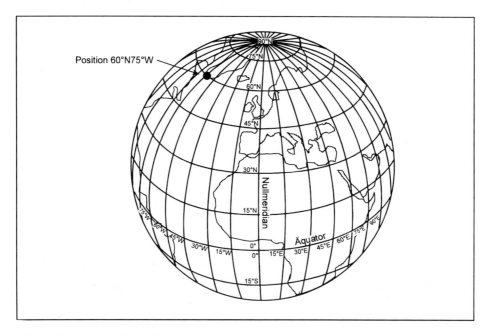

Abb. 7: Das geographische Koordinatensystem.

Geographische Koordinaten

Die Lage eines Ortes bzw. eines Standortes wird mit geographischer Breite und geographischer Länge eindeutig festgelegt. Geographische Breite und geographische Länge bilden die geographischen Koordinaten, z.B. 50°N 08°O. Bei der Angabe von geographischen Koordinaten wird immer zuerst die Breite und dann die Länge genannt.

In der internationalen Luftfahrt werden englische Begriffe und Abkürzungen angewendet. Die Abkürzungen für Nord (N), Süd (S) und West (W) sind im Englischen und Deutschen gleich, lediglich für Ost gibt es unterschiedliche Abkürzungen: O für Ost und E für East. Man sollte sich angewöhnen, die englische Abkürzung für Ost, also E, zu verwenden, denn auch in den deutschen Luftfahrtpublikationen ist meist nur diese Abkürzung zu finden.

Da die Angabe der Koordinaten in Winkelgrad zu grob ist, sind Winkelgrad in Winkelminuten (Symbol ´) und Winkelminuten in Winkelsekunden (Symbol ´´) unterteilt. Oft findet man anstelle der Begriffe Winkelminute und Winkelsekunde auch die Begriffe Bogenminute und Bogensekunde.

Es gilt:
1 Grad = 60 Minuten (1° = 60´)
1 Minute = 60 Sekunden (1´ = 60´´)

Als Beispiel für die Schreibweise von Koordinaten sind hier die geographischen Koordinaten für den Flughafenbezugspunkt des Flughafens Hannover angegeben:

52°27´42´´N 09°41´05´´E

Man liest:
52 Grad, 27 Minuten, 42 Sekunden Nord,
9 Grad, 41 Minuten, 5 Sekunden Ost.

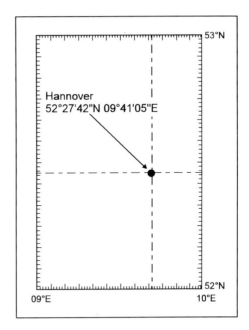

Abb. 8: Die geographischen Koordinaten (Beispiel: Hannover).

Zur besseren Verwendung für Navigationsrechenanlagen werden geographische Koordinaten heute sehr oft nur noch in Grad und Minuten geschrieben; die Sekunden erscheinen dann als Dezimale der Minuten (6´´ entsprechen 0.1´, 12´´ = 0.2´, 18´´ = 0.3´ usw.) Die geographischen Koordinaten für den Flughafen Hannover lesen sich dann folgendermaßen:

52°27.7´N 09°41.1´E

Auf allen Luftfahrtkarten wie auch auf den Karten in unseren Atlanten ist das geographische Koordinatennetz abgebildet. Wenn man die Koordinaten eines Ortes kennt, kann man ihn mit Hilfe des Koordinatensystems sehr schnell auf der Karte finden.

Breiten- und Längenunterschied

Die Lage zweier Orte zueinander wird im Koordinatensystem der Erde durch den Unterschied der beiden Breiten und den Unterschied der beiden Längen bestimmt. Breiten- und Längenunterschiede werden z.B. für die Berechnung der Entfernung zwischen zwei Orten und für die Umrechnung von Zeiten benötigt.

Der Breitenunterschied zweier Orte (engl. Difference of Latitude, DLat) ist gleich der Differenz beider Breiten, wenn diese gleichnamig (d.h. auf derselben Seite des Äquators) sind, dagegen ist der Breitenunterschied gleich der Summe beider Breiten, wenn diese ungleichnamig (d.h. auf verschiedenen Seiten des Äquators) sind.

1. Beispiel

Bestimme den Breitenunterschied zwischen
⇒ Flughafen Hamburg
  (53°37´55´´N 09°59´22´´E) und
⇒ Flughafen München
  (48°21´17´´N 11°47´15´´E):

Hamburg	53°37´55´´N
München	− 48°21´17´´N
Breitenunterschied	05°16´38´´

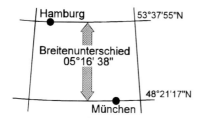

2. Beispiel

Bestimme den Breitenunterschied zwischen

⇒ Flughafen Frankfurt
  (50°02´04´´N 08°34´17´´E) und
⇒ Flughafen Nairobi
  (01°19´07´´S 36°55´33´´E):

Frankfurt	50°02´04´´N
Nairobi	+ 01°19´07´´S
Breitenunterschied	51°21´11´´

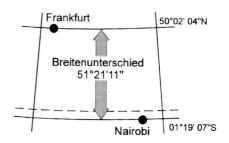

Den Längenunterschied zweier Orte (engl. Difference of Longitude, DLon) findet man, indem man bei gleichnamigen Längen (beide Orte östliche bzw. beide Orte westliche Länge) die kleinere Länge von der größeren subtrahiert. Bei ungleichnamigen Längen (ein Ort östliche, der andere westliche Länge) werden die Werte addiert. Bei einer Summe von mehr als 180° wird diese von 360° abgezogen. Man nimmt also immer den kleineren der beiden möglichen Längenunterschiede (siehe 2. Beispiel).

1. Beispiel

Bestimme den Längenunterschied zwischen
⇒ Flugplatz Saarlouis
  (49°18´49´´N 06°40´29´´E) und
⇒ Flugplatz Vilshofen
  (48°38´10´´N 13°11´50´´E):

Vilshofen	13°11´50´´E
Saarlouis	− 06°40´29´´E
Längenunterschied	06°31´21´´

2. Beispiel

Bestimme den Längenunterschied zwischen
⇒ Flughafen Los Angeles
   (33°56′33′′N 118°24′26′′W) und
⇒ Flughafen Peking
   (40°04′00′′N 116°35′00′′E):

| Los Angeles | 118°24′26′′W |
Peking	+ 116°35′00′′E
Längenunterschied	234°59′26′′
360°- Längenunterschied	125°00′34′′

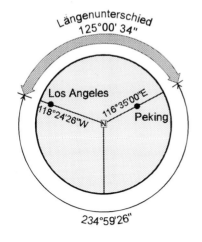

Rechnen mit Koordinaten

Im Prinzip werden Koordinaten addiert und subtrahiert wie andere Zahlen auch, nur muß man bei den Koordinaten das 60er System beachten, nämlich 1° = 60′, 1′ = 60′′.

Wie addiert man Koordinaten?

Aufgabe
53°37′55′′ + 48°41′19′′ = ?

1. Sekunden-Addition
55′′ + 19′′ = 74′′ = 1′14′′.
14′′ werden notiert, 1′ wird für die Addition der Minuten übertragen.

2. Minuten-Addition
Zusammen mit dem Übertrag (1′) aus der Sekunden-Addition ergeben sich
1′ + 37′ + 41′ = 79′ = 1° 19′.
19′ werden notiert, 1° wird für die Addition der Grad übertragen.

3. Grad-Addition
Zusammen mit dem Übertrag (1°) aus der Minuten-Addition ergeben sich
1° + 53° + 48° = 102°. Diese 102° werden notiert.

Ergebnis
53°37′55′′ + 48°41′19′′ = 102°19′14′′

Wie subtrahiert man Koordinaten?

Aufgabe
53°37′55′′ - 48°41′56′′ = ?′

1. Sekunden-Subtraktion
Von 56′′ über 60′′ bis 55′′ = 59′′.
59′′ werden notiert, 1′ (da 60′′ = 1′) wird für die Subtraktion der Minuten übertragen.

2. Minuten-Subtraktion

Zusammen mit dem Übertrag (1´) aus der Sekunden-Subtraktion ergeben sich
1´ + 41´ = 42´; von 42´ über 60´ bis 37´ = 55´. Diese 55´ werden notiert, 1° (da 60´ = 1°) wird für die Subtraktion der Grad übertragen.

3. Grad-Subtraktion

Zusammen mit dem Übertrag (1°) aus der Minuten-Subtraktion ergeben sich
1° + 48° = 49°; von 49° bis 53° = 4°.
Diese 4° werden notiert.

Ergebnis

53°37´55´´ - 48°41´56´´ = 04°55´59´´

Zusammenfassung

Das geographische Koordinatensystem setzt sich zusammen aus Breitenkreisen und Längenkreisen (Meridiane). Breitenkreise werden als geographische Breite vom Äquator aus als Winkelabstand nach Nord und Süd gezählt, maximal 90°N und 90°S. Längenkreise werden als geographische Länge vom Greenwich-Meridian nach West und Ost bis maximal 180°W und 180°O gezählt. Die Längenkreise 180°W und 180°O fallen zusammen.

Geographische Breite und geographische Länge bilden die geographischen Koordinaten. Jedem Ort auf der Erde lassen sich eindeutig geographische Koordinaten zuordnen. Zur genauen Festlegung werden die geographischen Koordinaten in Grad °, Minuten ´ (1° = 60´) und Sekunden ´´ (1´ = 60´´) angegeben, z.B. der Flugplatzbezugspunkt von Magdeburg: 52°04´40´´N 11°37´30´´E.

Die Lage zweier Orte zueinander wird im geographischen Koordinatensystem durch den Breitenunterschied und den Längenunterschied angegeben.

Entfernung

Entfernungsmaß - NM

Als Maß für die Entfernung dient in der Navigation die Seemeile (sm, engl. Nautical Mile, NM)

1 NM = 1,852 km

Anmerkung: Die deutsche Abkürzung „sm" ist in der Navigation weniger gebräuchlich, deshalb wird im weiteren nur die Abkürzung „NM" verwendet.

Die Seemeile steht in unmittelbarem Zusammenhang mit den Ausmaßen der Erde. Wie wir wissen, hat jeder Großkreis einen mittleren Umfang von 40.000 km, das sind 21.600 NM.

Da der Großkreis wie jeder andere Kreis in 360 Grad eingeteilt werden kann, kommen auf jedes Winkelgrad 40.000 : 360 = 111 km, auf jede Winkelminute 111 : 60 = 1,852 km.

Eine Winkelminute auf einem Großkreis hat also genau die Länge von 1 NM. Diese Beziehung gilt für jeden Großkreis, also auch für alle Längenkreise und den Äquator.

Beispiel

Bestimme die Entfernung des Flughafens Frankfurt (50°02´04´´N) zum Äquator.

50°	50 x 60 NM	3.000 NM
2´	2 x 1 NM	2 NM
4´´	4 x 0,017 NM	0,068 NM
Summe		≈ 3.002 NM = 5.560 km

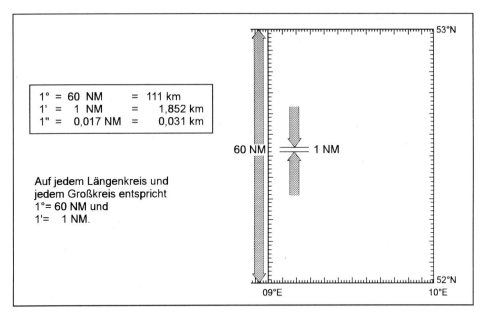

Abb. 9: Das Entfernungsmaß "NM".

In den englischsprachigen Ländern wird als Längeneinheit auch in der Flugnavigation oft die englische Meile (engl. Statute Mile, ML) verwendet. Ihre Länge beträgt 1,609 km und steht in keinem Zusammenhang mit den Ausmaßen der Erde.

Abweitung

Auf einem Großkreis, also auch auf den Längenkreisen und dem Äquator, entspricht 1° = 60 NM bzw. 1´ = 1 NM. Auf einem Breitenkreis gilt diese Beziehung nicht, denn Breitenkreise sind Kleinkreise. 1° wird dort weniger als 60 NM messen. Man nennt die auf einem Breitenkreis gemessene Entfernung zwischen zwei Längenkreisen die Abweitung (engl. Departure, DEP).

Am Äquator, also am Nullbreitenkreis, mißt die Entfernung zwischen zwei Längenkreisen, z.B. 8°E und 9°E, 60 NM. Auf dem Breitenkreis 30° beträgt die Entfernung zwischen 8°E und 9°E nur noch 52 NM. In 60° ist die Abweitung genau halb so groß wie am Äquator, nämlich 30 NM und am Nordpol schließlich 0 NM. Die Abweitung wird also zu den Polen hin immer kleiner, da die Meridiane zu den Polen hin zusammenlaufen.

Am Äquator muß man, um die Erde einmal zu umrunden, 21.600 NM zurücklegen, in 60° nördlicher oder südlicher Breite braucht man hierzu nur noch die halbe Strecke, nämlich 10.800 NM.

Die Abnahme der Abweitung zu den Polen hin läßt sich mathematisch mit dem Kosinus der entsprechenden geographischen Breite berechnen. Die Formel hierzu lautet:

Abweitung = Entfernung am Äquator x Kosinus der geographischen Breite

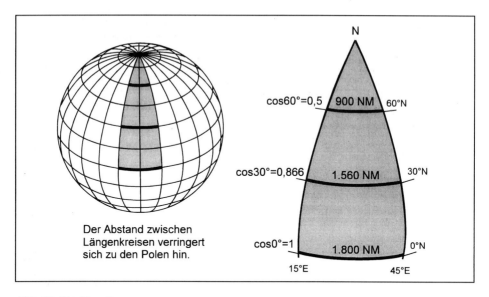

Abb. 10: Die Abweitung.

Die Werte für den Kosinus lassen sich mit den meisten Taschenrechnern oder aber mit dem Navigationsrechner (s. Kapitel 9) bestimmen.

Beispiel

Wie groß ist die Abweitung zwischen 4°E und 8°E in 30° nördlicher Breite?

Am Äquator beträgt der Abstand von 4°E bis 8°E 4 x 60 = 240 NM. Für 30°N muß die Distanz von 240 NM mit dem cos 30° (= 0,866) multipliziert werden.

Die Abweitung beträgt also
240 x 0,866 = 208 NM

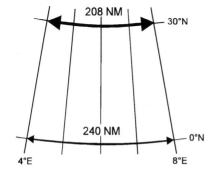

Zusammenfassung

- NM = 1,852 km.

- Auf einem Großkreis, also auch auf dem Äquator und allen Längenkreisen, gilt 1´ = 1 NM, 1° = 60 NM.

- Auf Kleinkreisen, also auch auf den Breitenkreisen, gilt dieser Zusammenhang nicht. Die Entfernung auf einem Breitenkreis, genannt Abweitung, ist um den Faktor Kosinus der geographischen Breite kleiner als die entsprechende Entfernung am Äquator.

- Abweitung = Entfernung am Äquator x cos geographische Breite.

Richtung

Richtungen auf der Erde werden von der Bezugsrichtung Nord aus im Uhrzeigersinn als Winkel von 000° bis 360° gemessen. Die Einteilung in die verschiedenen Himmelsrichtungen wird als Kompaßrose bezeichnet. Die vier Haupthimmelsrichtungen (engl. Cardinal Points) sind:

Nord
N (engl. North, N)   000° oder 360°
Ost
O (engl. East, E)   090°
Süd
S (engl. South, S)   180°
West
W (engl. West, W)   270°

Als Zwischenhimmelsrichtungen (engl. Intercardinal Points) werden bezeichnet:

Nord-Ost
NO (engl. North-East, NE)   045°
Süd-Ost
SO (engl. South - East, SE)   135°
Süd-West
SW (engl. South - West, SW)   225°
Nord-West
NW (engl. North - West, NW)   315°

Manchmal findet man noch eine weitere Unterteilung:

NNO = 022,5°   **SSW = 202,5°**
ONO = 067,5°   **WSW = 247,5°**
OSO = 112,5°   **WNW = 292,5°**
SSO = 157,5°   **NNW = 337,5°**

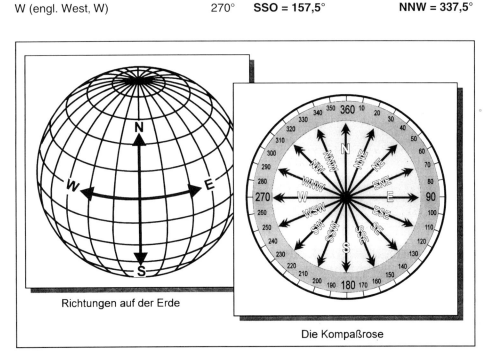

Abb. 11: Richtungen und Kompaßrose.

Der Bezug für die Richtungsbestimmung und damit auch für die Kursbestimmung (Kurs ist die Richtung von einem Ort zu einem anderen) ist Nord. Im allgemeinen versteht man unter Nord die Richtung zum geographischen Nordpol. Alle Längenkreise (Meridiane) des geographischen Koordinatensystems verlaufen in Richtung geographisch Nord, sind also die idealen Bezugslinien. In der Navigation wird die geographische Nordrichtung als rechtweisend Nord (rwN, engl. True North, TN) bezeichnet.

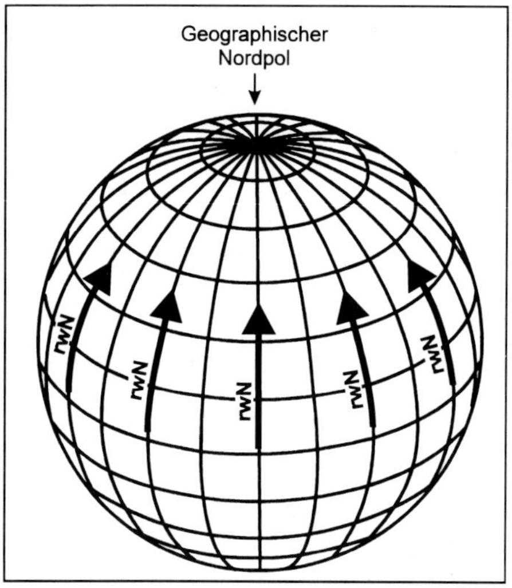

Abb. 12: Rechtweisend Nord (rwN) ist die Richtung der Meridiane zum geographischen Nordpol.

Für die Richtungsbestimmung in der Navigation wird als Basisinstrument der Magnetkompaß benutzt. Der Magnetkompaß zeigt, wie in Kapitel 6 ausführlich erläutert, zum magnetischen Nordpol hin, der abseits des geographischen Nordpols liegt. Die Richtung zum magnetischen Nordpol wird mißweisend Nord (mwN, engl. Magnetic North, MN) genannt. Durch Magnetismus im Flugzeug wird die Kompaßnadel allerdings leicht aus der mißweisenden Nordrichtung abgelenkt und zeigt in Wirklichkeit nach dem sogenannten Kompaß-Nord (KN, engl. Compass North, CN).

Entsprechend den drei genannten Bezugsrichtungen werden in der Navigation rechtweisende, mißweisende und Kompaß-Kurse festgelegt. Hierauf wird später, insbesondere im Kapitel 7 (Thema „Kursschema"), ausführlich eingegangen.

Richtungen und Kurse werden in der Luftfahrt grundsätzlich mit drei Ziffern angegeben. Z.B. wird für 45° geschrieben und gesprochen „045°" (Null-Vier-Fünf-Grad).

Zusammenfassung

Richtungen werden von Nord aus im Uhrzeigersinn von 000° bis 360° festgelegt. Die Richtung zum geographischen Nordpol, also die Nordrichtung der Meridiane, wird mit rechtweisend Nord (rwN, engl. True North, TN) bezeichnet.

Großkreis und Kursgleiche

Bei einem Flug von einem Ort zu einem anderen ist es gewiß vorteilhaft, auf möglichst direktem Weg zu fliegen. Für den Piloten wird die Arbeit erleichtert, wenn er dabei nur einen Kurs einhalten muß. Die Forderungen nach kürzestem Flugweg und konstantem Kurs führen zu zwei navigatorisch verschiedenen Linien: Großkreis und Kursgleiche.

Die kürzeste Verbindung zwischen zwei Orten auf der Erde liegt immer auf einem Großkreis (engl. Great Circle, GC). Den Großkreisbogen zwischen den beiden Orten nennt man auch Orthodrome (aus dem Griechischen: gerader Weg). Es läßt sich nur *ein* Großkreis durch zwei Orte legen, außer die beiden Orte liegen auf der Erde genau gegenüber (diametral), dann sind unendlich viele Großkreise möglich. Zum Beispiel liegen die beiden Pole, Nordpol und Südpol, genau gegenüber; durch diese lassen sich unendlich viele Großkreise (Meridiane) ziehen.

Da die Meridiane polwärts zusammenlaufen (konvergieren), schneidet jeder Großkreis, mit Ausnahme des Äquators, jeden Meridian unter einem anderen Winkel. Fliegt man entlang eines Großkreises, so ändert sich die Richtung laufend und der Pilot muß den Kurs ständig ändern.

Daraus ergibt sich, daß eine Linie, die alle Meridiane unter dem gleichen Winkel schneidet, kein Großkreis bzw. keine Orthodrome sein kann. Eine solche Linie konstanter Richtung bzw. gleichbleibenden Kurses nennt man Kursgleiche (engl. Rhumb Line, RL) oder Loxodrome (aus dem Griechischen: krummer Weg).

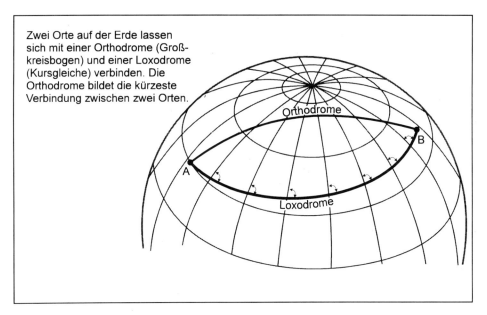

Zwei Orte auf der Erde lassen sich mit einer Orthodrome (Großkreisbogen) und einer Loxodrome (Kursgleiche) verbinden. Die Orthodrome bildet die kürzeste Verbindung zwischen zwei Orten.

Abb. 13: Orthodrome und Loxodrome.

Die Breitenkreise (Kleinkreise) sind Kursgleichen mit der (rechtweisenden) Richtung von 090° bzw. 270°. Der Äquator und die Meridiane sind zugleich Großkreise und Kursgleiche; in diesen Ausnahmefällen ist der Verlauf der Kursgleiche kreisförmig. In allen anderen Fällen, stellt sich die Kursgleiche als eine gekrümmte Linie dar, die sich in Spiralwindungen dem Pol nähert.

Die Entstehung der Spirale kann man sich so erklären: Die Kursgleiche schneidet jeden Meridian mit dem gleichen Winkel. Da die Meridiane zum Pol hin zusammenlaufen, verläuft die Kursgleiche immer näher zum Pol hin, bis sie ihn schließlich erreicht.

Zwei beliebige Orte auf der Erde lassen sich also mit einem Großkreisbogen (Orthodrome) und einer Kursgleiche (Loxodrome) verbinden. Die Entfernung auf der Kursgleiche ist größer als die auf dem Großkreisbogen gemessene. Über kurze Distanzen ist dieser Unterschied unerheblich.

Mit zunehmender Breite und bei Kursen nahe 090° oder 270° können sich jedoch beträchtliche Entfernungsunterschiede ergeben. Für die Kurse 360° und 180°, also entlang der Meridiane, und für die Kurse 090° und 270° am Äquator fallen Kursgleiche und Großkreise zusammen und die Entfernungen sind gleich groß.

Da sich bei einem Großkreis die Richtung laufend ändert, ist bei einem Flug entlang eines Großkreises der Anfangskurs am Abflugort von dem Endkurs am Zielort verschieden. Am Meridian, der genau in der Mitte zwischen dem Abflugort und Zielort liegt (Mittelmeridian), sind der loxodrome und orthodrome Kurs gleich.

Der Entfernungsunterschied zwischen Großkreis und Kursgleiche kann bei einem Langstreckenflug, von Kontinent zu Kontinent, durchaus erheblich sein. Deshalb wird in der Langstreckennavigation oftmals entlang eines Großkreises geflogen.

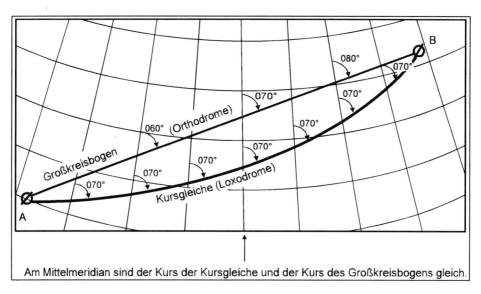

Abb. 14: Vergleich zwischen loxodromem und orthodromem Kurs.

Auf kurzen Strecken, wie sie im allgemeinen in der VFR-Navigation zurückgelegt werden, fällt der Entfernungsunterschied kaum auf. Hier ist es einfacher, nur *einen* Kurs einhalten zu müssen, also entlang einer Kursgleiche zu navigieren.
Hierzu zwei Beispiele:

1. Beispiel (siehe unten)

Flug Frankfurt - San Francisco
- Großkreisbogen 4.937 NM (Anfangskurs 323°, Endkurs 209°)
- Kursgleiche 5.685 NM (Kurs 262°)

2. Beispiel (siehe folgende Seite)

Flug Vilshofen - Saarlouis
- Großkreisbogen 260 NM (Anfangskurs 281°; Endkurs 277°)
- Kursgleiche 260 NM (Kurs 279°)

Zusammenfassung

Die Orthodrome ist der Großkreisbogen zwischen zwei Orten auf der Erde. Sie ist die kürzeste Verbindung zwischen diesen Orten.
Die Richtung bzw. der Kurs entlang der Orthodrome ändert sich.

Die Loxodrome oder Kursgleiche ist eine Linie gleichbleibenden Kurses. Sie ist nicht die kürzeste Verbindung zwischen zwei Orten.

Zwei beliebige Orte auf der Erde lassen sich durch einen Großkreisbogen und eine Kursgleiche miteinander verbinden. Auf der Nordhalbkugel der Erde verläuft der Großkreisbogen immer nördlich der Kursgleiche. Am Mittelmeridian ist der Kurs von Großkreis und Kursgleiche gleich.

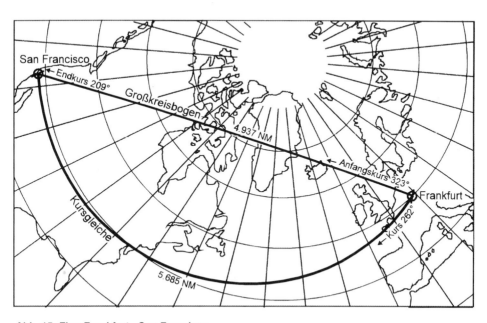

Abb. 15: Flug Frankfurt - San Francisco.

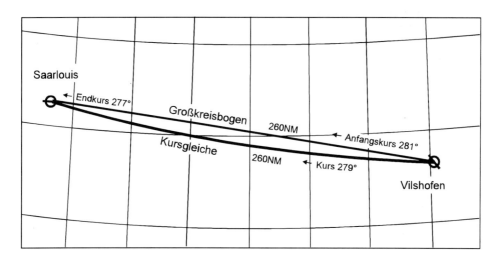

Abb. 16: Flug Vilshofen - Saarlouis.

Kontroll- und Übungsaufgaben

1. Wie ist die Drehrichtung der Erde um ihre Achse?

2. Wie groß ist der mittlere Erdumfang in km und NM?

3. Beschreiben Sie das geographische Koordinatensystem.

4. Zwischen welchen Breiten- und Längenkreisen liegt Deutschland?

5. Warum sind Breitenkreise keine Großkreise?

6. Berechnen Sie den Breiten- und Längenunterschied zwischen
Ort A (53°37´55´´N 09°59´22´´E) und
Ort B (50°02´04´´N 08°34´17´´E).

7. Wovon wird die Entfernungseinheit „NM" abgeleitet?

8. Ort A hat die Koordinaten 48°54´30´´N 08°14´40´´E. Bestimme die des Ortes B, der 180 NM nördlich von A liegt?

9. Ort A hat die Koordinaten 60°00´00´´N 12°00´00´´E. Bestimme die des Ortes B, der 180 NM östlich von A liegt?

10. Von welcher Bezugsrichtung aus werden Richtungen bzw. Kurse festgelegt?

11. Welcher Gradzahl entspricht die Richtung SW?

12. Erklären Sie die Begriffe „Orthodrome" und „Loxodrome".

13. Welche Kreise im geographischen Koordinatennetz sind sowohl Orthodrome als auch Loxodrome?

14. Wo sind die Kurse von Orthodromen und Loxodromen gleich?

15. Geben Sie bei 3°37´55´´N 09°59´22´´E die Sekunden als Minuten-Dezimale an.

Kapitel 3
Zeit

Jahr

Die Sonne ist das ruhende Zentralgestirn für die Umlaufbewegung der Erde. Die Erde bewegt sich auf einer von der Kreisgestalt nur wenig abweichenden Ellipse einmal im Jahr um die Sonne herum. Gleichzeitig dreht sich die Erde in west-östlicher Richtung einmal am Tag um ihre eigene Achse.

Den Zeitraum, den die Erde für einen vollen Umlauf um die Sonne benötigt, nennt man Jahr. Das Jahr ist mit 365 Tagen festgelegt, obwohl die genaue Umlaufzeit 365 Tage, 5 Stunden, 48 Minuten und 46 Sekunden beträgt. Es gehen also pro Jahr beinahe 6 Stunden (= 1/4 Tag) „verloren". Deshalb schiebt man alle vier Jahre ein Schaltjahr ein, das aus 366 Tagen (zusätzlich 29. Februar) besteht, und bringt damit den Kalender mit der wahren Umlaufzeit der Erde wieder in Einklang.

Die Erde steht nicht senkrecht zur Ebene der Erdumlaufbahn, sondern sie hat eine Neigung von 66,5° zu ihr. Diese Schiefe der Erdachse bewirkt, daß sich im Laufe eines Jahres die Sonne um 23,5° in Richtung Nord und um 23,5° in Richtung Süd vom Erdäquator entfernt.

Dadurch ist in unseren Breiten zu Beginn des Sommers die Mittagshöhe der Sonne am größten. Die Sonnenstrahlen fallen fast senkrecht und spenden die meiste Wärme; die Tage sind lang und die Nächte kurz. Zum Winteranfang ist es genau umgekehrt, die Mittagshöhe der Sonne ist sehr gering und die Tage sind kurz und die Nächte lang.

Die Schiefe der Erdachse beim Umlauf der Erde um die Sonne hat also die unterschiedliche Dauer des Tageslichtes und den Wechsel der Jahreszeiten zur Folge. Der Beginn der Jahreszeiten ist durch die Position der Erde zur Sonne genau definiert:

Frühlingsanfang, 21. März
Die Sonne steht mittags genau über dem Äquator. Danach entfernt sie sich täglich

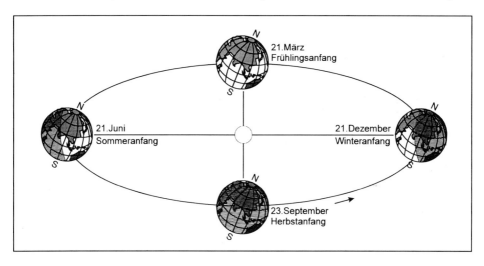

Abb. 17: Der Umlauf der Erde um die Sonne.

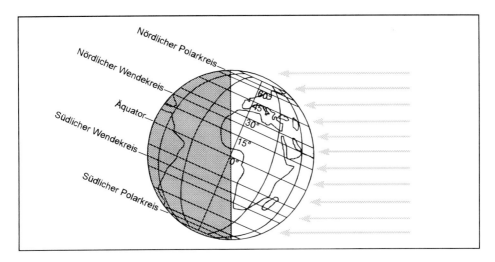

Abb. 18: Sommeranfang auf der nördlichen Erdhalbkugel.

weiter vom Äquator in nördliche Richtung bis auf 23,5° nördlicher Breite.

Sommeranfang, 21. Juni
Die Sonne steht mittags über einem Punkt, der auf 23,5° nördlicher Breite liegt (nördlicher Wendekreis).

Herbstanfang, 23. September
Die Sonne steht mittags wieder über dem Äquator. Dann entfernt sie sich vom Äquator in südliche Richtung bis auf 23,5° südlicher Breite.

Winteranfang, 21. Dezember
Die Sonne steht mittags über einem Punkt, der auf 23,5° südlicher Breite liegt (südlicher Wendekreis). Die Sonne wandert wieder in nördliche Richtung zurück zum Frühlingspunkt.

Am 21. März und 23. September, wenn die Sonne über dem Äquator steht, sind Tag und Nacht gleich lang; am 21. Juni ist der „längste" und am 21. Dezember der „kürzeste" Tag.

Zusammenfassung

Das Jahr ist der Zeitraum, den die Erde für einen vollen Umlauf um die Sonne benötigt. Das Jahr hat 365 Tage, das Schaltjahr 366 Tage. Die Schiefe der Erdachse von 66,5° zur Erdumlaufbahn bewirkt die unterschiedliche Dauer des Tageslichtes und den Wechsel der Jahreszeiten.

Tag

Wir alle wissen: Ein Tag hat 24 Stunden. Der Tag für einen Ort beginnt um Mitternacht, wenn die Sonne auf der anderen Seite der Erde genau über dem Gegenmeridian des Ortes steht. Man nennt diesen Zeitpunkt die „untere Kulmination" der Sonne. Am Mittag erreicht die Sonne über dem Ort den höchsten Punkt am Himmel, die Sonne steht über dem Meridian des Ortes; entsprechend wird dieser Zeitpunkt „obere Kulmination" der Sonne genannt.

Die Sonne „zieht weiter", es wird Nacht und um Mitternacht steht die Sonne wieder über dem Gegenmeridian des Ortes.

Frankfurt liegt auf dem Meridian 08°40´E, der Gegenmeridian ist 171°20´W. Wenn die Sonne über dem Meridian 171°20´W steht (untere Kulmination), ist es in Frankfurt Mitternacht, der Tag beginnt. Am Mittag steht die Sonne über dem Meridian von Frankfurt (obere Kulmination) und um Mitternacht wieder über dem Gegenmeridian, der Tag endet.

Die Festlegung des Tages basiert auf der regelmäßigen Umdrehung der Erde um ihre Achse; als Bezug für die Umdrehung dient die Sonne. Auch wenn sich in Wirklichkeit die Erde in bezug auf die Sonne einmal am Tag um ihre Achse dreht, so hat der Beobachter auf der Erde doch den Eindruck, als ob sich die Sonne einmal am Tag um die Erde dreht.

Den Zeitraum zwischen zwei aufeinanderfolgenden unteren Kulminationen der Sonne bzw. die Zeit, in der sich die Erde in bezug auf die Sonne einmal gedreht hat, nennt man einen wahren Sonnentag. Nach dieser Definition haben zwei Orte, die nicht auf demselben Meridian liegen, verschiedene Tagesanfänge, somit auch verschiedene Zeiten.

Die Länge eines wahren Sonnentages ist nicht konstant, also nicht immer 24 Stunden, sondern sie ändert sich etwas im Laufe eines Jahres. Dies kommt u.a. daher, daß sich die Erde auf einer elliptischen Bahn und damit verschieden schnell um die Sonne bewegt. Man hat sich daher eine andere Sonne „gedacht", die sich scheinbar mit gleichmäßiger Geschwindigkeit um die Erde bewegt; man nennt sie die mittlere Sonne (engl. Mean Sun).

Die Zeit zwischen zwei aufeinanderfolgenden unteren Kulminationen der mittleren Sonne nennt man einen mittleren Sonnentag oder bürgerlichen Tag (engl. Civil Day). Seine Länge, die konstant ist, entspricht der Durchschnittslänge aller wahren Sonnentage. Den mittleren Sonnentag teilt man in 24 Stunden, jede Stunde in 60 Minuten und jede Minute in 60 Sekunden ein. Der Tag beginnt um 0000 Uhr und endet um 2400 Uhr.

Es gibt also eine mittlere Zeit (engl. Mean Time), nach der mittleren Sonne, und eine wahre Zeit, nach der wahren Sonne, die im allgemeinen zueinander verschieden sind. Die Differenz beider heißt Zeitgleichung, sie kann bis zu 16 Minuten betragen. Die wahre Zeit wird in der Astronomie verwendet. In unserem täglichen Leben spielt nur die mittlere Zeit (der mittlere Sonnentag mit genau 24 Stunden) eine Rolle.

Die Erde ist durch das geographische Koordinatensystem in 360 Längengrade eingeteilt, und die mittlere Sonne braucht für einen scheinbaren Umlauf um die Erde 24 Stunden. In einer Stunde wandert die Sonne am Himmel somit um 15° Länge weiter. Steht die Sonne über einem Ort, ist also dort gerade Mittag, so wird sie z.B. 3 Stunden später über einem Ort 45 Längengrade (3 x 15 = 45°) weiter westlich stehen.

Zeit und geographische Länge stehen in unmittelbarer Beziehung zueinander auf der Grundlage von 24 Stunden zu 360 Längengraden. Längenunterschiede lassen sich so in Zeit und Zeit in Längenunterschiede umrechnen:

Längengrade	Zeit
360°	24 h
15°	1 h
1°	4 min
15'	1 min
1'	4 sec
15''	1 sec

1. Beispiel

Umrechnung Längenunterschied in Zeit: Welchem Zeitunterschied entspricht ein Längenunterschied von 64°18'45''?

Hinweis: Dividiere Längengrade, -minuten und -sekunden durch 15 und multipliziere den Rest mit 4.

64° : 15 =   4 h, Rest 4° x 4 = 16 min
18' : 15 =   1 min, Rest 3' x 4 = 12 sec
45'' : 15 =   3 sec

64°18'45'' Längenunterschied entspricht einem Zeitunterschied von 4 h 17 min 15 sec.

2. Beispiel

Umrechnung Zeit in Längenunterschied: Welchem Längenunterschied entspricht eine Zeitdifferenz von 7 h 25 min 47 sec?

Hinweis: Multipliziere die Stunden mit 15, dividiere die Minuten und Sekunden durch 4 und multipliziere den Rest mit 15.

7 h   x 15 =   105°
25 min : 4 =   6°, Rest 1 x 15 = 15'
47 sec : 4 =   11', Rest 3 x 15 = 45''

7 h 25 min 47 sec Zeitdifferenz entspricht einem Längenunterschied von 111°26'45''.

Zusammenfassung

Ein Tag ist der Zeitraum, in dem sich die Erde in bezug zur Sonne einmal um ihre Achse dreht. Der mittlere Sonnentag (bürgerlicher Tag) hat 24 Stunden.

Beim (scheinbaren) Umlauf der Sonne um die Erde wandert die Sonne je eine Stunde um 15 Längengrade weiter. Geographische Länge und Zeit stehen in direktem Zusammenhang, 360° zu 24 Stunden, 15° zu 1 Stunde usw.

Zeitsysteme

Mittlere Ortszeit

Steht die (mittlere) Sonne über dem Gegenmeridian eines Ortes, so ist es an diesem Ort 0000 Uhr; sieht man die Sonne über dem Meridian des Ortes, ist es 1200 Uhr. Die Zeit an einem Ort bezogen auf den Meridian durch diesen Ort nennt man die Mittlere Ortszeit (MOZ, engl. Local Mean Time, LMT).

Da sich die Sonne (scheinbar) von Ost nach West um die Erde bewegt, ist die mittlere Ortszeit östlich gelegener Orte gegenüber der Zeit westlich gelegener voraus. Der Zeitunterschied ist gleich dem im Zeitmaß ausgedrückten Längenunterschied beider Orte.

Ist 1200 MOZ in Frankfurt, steht die Sonne über dem Ortsmeridian 08°40´E von Frankfurt. Eine Stunde später, um 1300 MOZ, ist die Sonne um 15° weitergewandert, sie steht jetzt über dem Längenkreis 06°20´W.

Wenn in Saarbrücken (07°00´E) 1200 MOZ ist, dann ist in Frankfurt bereits 1207 MOZ (Längenunterschied Frankfurt - Saarbrücken 1°40´ = 7 min).

Die MOZ hat den Vorteil, daß genau um 1200 Uhr die (mittlere) Sonne den Höchststand erreicht, also über dem Ortsmeridian steht. Der große Nachteil ist aber, daß schon der Nachbar auf einem anderen Meridian mit einer anderen MOZ rechnen muß.

Zonenzeit

Um nicht bei Reisen bereits über kurze Strecken in Ost-West-Richtung die Uhren ständig vor- oder nachstellen zu müssen, hatte man Zonenzeiten (engl. Zone Time, ZT) eingeführt. Die Erde wurde in 24 Zonen zu je 15° Längenunterschied eingeteilt. In jeder Zone gilt als Zonenzeit die MOZ des mittleren Meridians dieser Zone. Die Zonen werden mit Buchstaben bezeichnet und haben jeweils einen zeitlichen Abstand zur Nachbarzone von 1 Stunde.

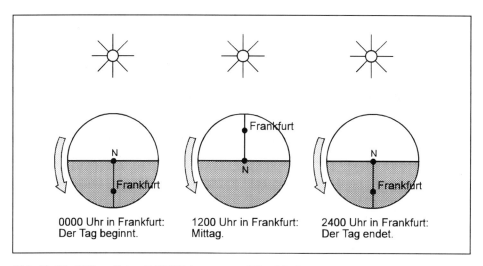

Abb. 19: Die Mittlere Ortszeit (MOZ), bezogen auf Frankfurt.

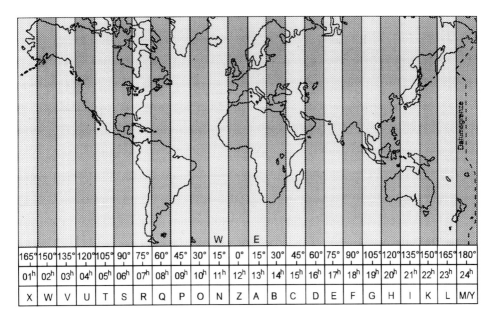

Abb. 20: Zonenzeiten.

Zone Z hat als Mittelmeridian den Meridian von Greenwich und erstreckt sich von 07°30′E bis 07°30′W. In der gesamten Zone Z gilt die MOZ des Greenwich-Meridians. Zone A mit dem Mittelmeridian 15°E reicht von 07°30′E bis 22°30′E; der Zeitunterschied zur Zone Z beträgt 1 Stunde.

Standardzeit - Mitteleuropäische Zeit

Die starre Zeiteinteilung von 15° zu 15° ist wegen der meist anders verlaufenden Staatsgrenzen für das bürgerliche Leben wenig vorteilhaft. Fast jeder Staat hat daher für sein Hoheitsgebiet eine Standardzeit (auch Normalzeit oder gesetzliche Zeit genannt) festgelegt, die sich an der Zonenzeit orientiert und sich auf die MOZ eines bestimmten Meridians bezieht.

In den meisten Ländern Europas, so auch in Deutschland, gilt als gesetzliche Zeit die MOZ des Meridians von 15°E. Diese sogenannte Mitteleuropäische Zeit (MEZ, engl. Central European Time, CET) ist also der Zonenzeit Z um 1 Stunde voraus.

Abb. 22 zeigt das Gebiet, in dem die MEZ gilt. Wie man sehen kann, weicht das MEZ-Gebiet stark von der Einteilung in Zeitzonen ab. Um 1200 MEZ steht die Sonne genau über dem Längenkreis 15°E, d.h., die Sonne erreicht dort zu dieser Zeit den höchsten Stand. In Madrid (03°40′W) ist auch 1200 MEZ, also auch Mittag, aber die Sonne hat dort noch nicht den Höchststand; das wird erst um 1315 MEZ der Fall sein (Längenunterschied 18°40′ entsprechend 75 min).

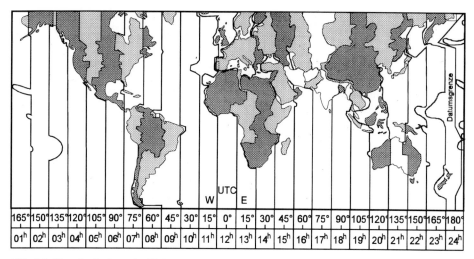

Abb. 21: Standardzeiten der Welt.

Mitteleuropäische Sommerzeit

Seit 1980 wird anstelle der Mitteleuropäischen Zeit (MEZ) in den Sommermonaten die Mitteleuropäische Sommerzeit (MESZ, engl. Central European Summer Time, CEST) verwendet. Die MESZ gilt von Ende März bis Ende September. Der Zeitunterschied zwischen MEZ und Zonenzeit Z beträgt eine Stunde, zwischen MESZ und Zonenzeit Z zwei Stunden. Durch die Umstellung auf die Sommerzeit soll erreicht werden, daß das Tageslicht in den Sommermonaten länger ausgenutzt werden kann.

Koordinierte Weltzeit

In der Flugsicherung und in vielen anderen Bereichen der Luftfahrt wird als Bezugszeit für die gesamte Erde nur *ein* Zeitsystem angewandt. Über lange Jahre hinweg war diese Bezugszeit die Mittlere Greenwich Zeit (MGZ), die sich auf die MOZ des Greenwich-Meridian (Nullmeridian) bezog.

Im Jahre 1985 wurde die MGZ abgeschafft und durch die Koordinierte Weltzeit (engl. Universal Time Coordinated, UTC) ersetzt.

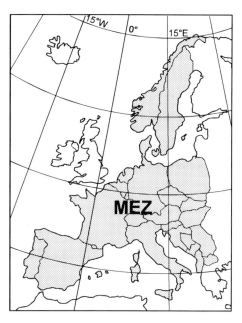

Abb. 22: *Das Gebiet der Mitteleuropäischen Zeit (MEZ).*

Die UTC entspricht der MGZ, bezieht sich also auch auf den Nullmeridian, jedoch wird sie anders bestimmt.

Grundlage der Genauigkeit der Greenwichzeit bildete die Rotation der Erde um ihre eigene Achse. Neue Untersuchungen in der Zeitmeßtechnik führten zu der Erkenntnis, daß die Erddrehung nicht gleichmäßig, sondern mit verschieden großen Schwankungen erfolgt. Gründe hierfür sind in dem inhomogenen Aufbau des Erdinnern, in Rotationsänderungen infolge jahreszeitlicher Einflüsse und in der langsamen Abnahme der Rotationsgeschwindigkeit zu finden. Als genauer Zeitmeßstab hatte die MGZ damit „ausgedient".

Die Koordinierte Weltzeit ist eine Kombination aus den Skalen der Weltzeit und der Internationalen Atomzeit. Als Basiseinheit dient die Sekunde. Sie wird abgeleitet von den äußerst gleichmäßigen Schwingungen des Cäsium-Atoms. Atomuhren erzielen eine Genauigkeit der Zeitangabe von ein billionstel Sekunde.

Damit die äußerst präzise Atomzeit in Übereinstimmung mit der „ungenauen" Erdumdrehung bleibt, muß die Koordinierte Weltzeit ab und zu durch sogenannte Schaltsekunden korrigiert werden. Diese Schaltsekunden werden bei Bedarf am 30. Juni und 31. Dezember um 0000 Uhr hinzugefügt bzw. abgezogen.

Die UTC entspricht der Zonenzeit Z, denn beide Zeiten beziehen sich auf den Nullmeridian; man spricht daher auch manchmal von der Zulu-Time und meint damit die UTC. Der Abstand zwischen UTC und MEZ beträgt 1 Stunde, zwischen UTC und MESZ 2 Stunden.

Zeiten in der Luftfahrt werden grundsätzlich nur in UTC angegeben. Ist im Luftfahrthandbuch z.B. eine Öffnungszeit für einen Flugplatz mit 0800 angegeben, so ist damit 0800 UTC entsprechend 0900 MEZ gemeint. Für die Sommerzeit wird für den gleichen Flugplatz sehr wahrscheinlich eine Öffnungszeit von 0700 veröffentlicht sein, d.h., 0700 UTC entsprechen 0900 MESZ. Damit ist sichergestellt, daß der Flugplatz im Winter wie im Sommer um 0900 Uhr Ortszeit öffnet.

Zusammenfassung

Zeitsystem	Bezug	Gültigkeitsbereich	Bezug zu UTC
Mittlere Ortszeit, MOZ (Local Mean Time, LMT)	Ortsmeridian	nur auf Ortsmeridian	UTC +/- Längenunterschied
Zonenzeit, ZZ (Zone Time, ZT)	Mittlerer Ortsmeridian der Zeitzone	in Zeitzone (Bereich 15°)	UTC +/- n x h (n = Anzahl der Zeitzonen)
Mitteleuropäische Zeit, MEZ (Central European Time, CET)	Meridian 15°E	im Gebiet der MEZ	UTC + 1 h
Mitteleurop. Sommerzeit, MESZ (Central European Summer Time, CEST)	MEZ + 1 h	im Gebiet der MEZ	UTC + 2 h
Koordinierte Weltzeit - UTC (Universal Time Coordinated, UTC)	Nullmeridian	weltweit (Standardzeit der Luftfahrt)	---

Sonnenaufgang und Sonnenuntergang

Die Sonne geht auf, wenn ihr oberer Rand am Horizont erscheint, und sie geht wieder unter, wenn ihr oberer Rand am Horizont verschwindet.

Die Zeiten für Sonnenaufgang (engl. Sunrise, SR) und Sonnenuntergang (engl. Sunset, SS) sind abhängig von der Jahreszeit und von Ort zu Ort verschieden. Orte auf verschiedenen Längenkreisen haben innerhalb einer Zeitzone verschiedene Sonnenaufgangs- und Sonnenuntergangszeiten. Da sich die Erde von West nach Ost dreht, also die Sonne im Osten aufgeht, haben Orte im Osten früher Sonnenaufgang als Orte im Westen.

Geht die Sonne in Frankfurt (08°40´E) am 07. März um 0659 MEZ auf, so geht sie am gleichen Tag in Paris (02°20´E) erst um 0724 MEZ auf. Der Unterschied in den Sonnenaufgangszeiten der beiden Orte ist gleich dem Längenunterschied der beiden Orte (06°20´) ausgedrückt in Zeit (25 min).

Aber auch die geographische Breite des Ortes hat Einfluß auf die Sonnenaufgangs- und Sonnenuntergangszeiten. Auf unserer nördlichen Erdhalbkugel haben im Sommerhalbjahr Orte weiter im Norden früher Sonnenaufgang und später Sonnenuntergang als Orte weiter im Süden; Orte im Norden haben also im Sommer länger Tageslicht. Nördlich des nördlichen Polarkreises geht die Sonne dann im Sommer zeitweise überhaupt nicht mehr unter. Im Winterhalbjahr spielt sich dieser Vorgang genau umgekehrt ab. Dann haben Orte im Süden von uns länger Tageslicht. Innerhalb Deutschlands können diese Nord-Süd-Abweichungen bis zu 24 Minuten betragen.

Für viele Flugplätze sind die Öffnungszeiten in bezug auf die Sonnenauf- und -untergangszeiten festgelegt. Im Luftfahrthandbuch AIP VFR ist eine Tabelle mit den Sonnenauf- und -untergangszeiten für Kassel veröffentlicht (Kassel liegt etwa in der Mitte Deutschlands). Ausgehend von dieser Tabelle kann man für jeden Ort in Deutschland die Sonnenauf- und -untergangszeiten berechnen. Allerdings wird bei der Berechnung nur der Längenunterschied, nicht jedoch der Breitenunterschied zu Kassel berücksichtigt.

Beispiel

Gesucht wird die Sonnenuntergangszeit (SS) am 07. März für den Flugplatz Egelsbach (08°39´E).

In Kassel ist am 07. März SS um 1711 UTC. Laut Tabelle (Abb. 23) müssen 3 Minuten addiert werden, um auf SS von Egelsbach umzurechnen. In Egelsbach ist also SS um 1714 UTC. Die 3 Minuten Zeit-Differenz entsprechen dem Längenunterschied Kassel-Egelsbach von 51´.

Zusammenfassung

Sonnenaufgang (engl. Sunrise, SR) und Sonnenuntergang (engl. Sunset, SS) sind jeweils die Zeitpunkte, zu denen der obere Rand der Sonne genau mit dem sichtbaren Horizont in NN/MSL zusammenfällt.

Die Zeiten für SR und SS sind von Tag zu Tag und von Ort zu Ort verschieden. Orte weiter westlich haben entsprechend dem Längenunterschied (ausgedrückt in Zeit) später SR und SS als Orte im Osten. Für Orte auf dem gleichen Längenkreis, aber auf verschiedenen Breitenkreisen sind SR und SS unterschiedlich, abhängig von der Jahreszeit.

Abb. 23 (rechts): Tabelle der Sonnenauf- und Sonnenuntergangszeiten (aus Luftfahrthandbuch AIP VFR).

GEN 8-1

Sonnenauf- und Sonnenuntergang (UTC)
Sunrise – Sunset (UTC)

1. Werte für 1994 bezogen auf Kassel   1. Values for 1994 related to Kassel

(51° 19′ N 09° 30′ E)

2. Nord-Süd-Abweichungen nicht berücksichtigt.   2. Differences in N/S-direction not considered.

3. Ost-West-Abweichungen nach folgender Skala: 3. Differences in E/W-direction according following scheme:

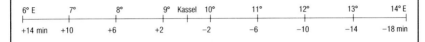

	JAN		FEB		MAR		APR		MAY		JUN		
1	0727	1524	0701	1610	0609	1700	0500	1753	0356	1842	0312	1927	1
2	0727	1525	0700	1612	0607	1702	0458	1754	0354	1844	0311	1928	2
3	0726	1526	0658	1613	0605	1704	0455	1756	0353	1845	0311	1929	3
4	0726	1527	0657	1615	0603	1705	0453	1758	0351	1847	0310	1930	4
5	0726	1528	0655	1617	0601	1707	0451	1759	0349	1849	0309	1931	5
6	0726	1529	0653	1619	0558	1709	0449	1801	0347	1850	0309	1932	6
7	0725	1530	0652	1621	0556	1711	0446	1803	0345	1852	0308	1933	7
8	0725	1531	0650	1622	0554	1712	0444	1804	0344	1853	0307	1934	8
9	0725	1533	0648	1624	0552	1714	0442	1806	0342	1855	0307	1935	9
10	0724	1534	0646	1626	0550	1716	0440	1808	0340	1857	0307	1936	10
11	0724	1535	0645	1628	0547	1717	0438	1809	0339	1858	0306	1937	11
12	0723	1537	0643	1630	0545	1719	0435	1811	0337	1900	0306	1937	12
13	0722	1538	0641	1631	0543	1721	0433	1813	0335	1901	0306	1938	13
14	0722	1540	0639	1633	0541	1723	0431	1814	0334	1903	0305	1939	14
15	0721	1541	0637	1635	0538	1724	0429	1816	0332	1904	0305	1939	15
16	0720	1543	0635	1637	0536	1726	0427	1818	0331	1906	0305	1940	16
17	0719	1544	0634	1639	0534	1728	0425	1819	0329	1907	0305	1940	17
18	0718	1546	0632	1640	0532	1729	0422	1821	0328	1909	0305	1941	18
19	0717	1548	0630	1642	0529	1731	0420	1822	0327	1910	0305	1941	19
20	0716	1549	0628	1644	0527	1733	0418	1824	0325	1912	0305	1941	20
21	0715	1551	0626	1646	0525	1734	0416	1826	0324	1913	0305	1942	21
22	0714	1552	0624	1648	0523	1736	0414	1827	0323	1914	0305	1942	22
23	0713	1554	0622	1649	0520	1738	0412	1829	0321	1916	0306	1942	23
24	0712	1556	0620	1651	0518	1739	0410	1831	0320	1917	0306	1942	24
25	0711	1557	0618	1653	0516	1741	0408	1832	0319	1919	0306	1942	25
26	0709	1559	0615	1655	0513	1743	0406	1834	0318	1920	0307	1942	26
27	0708	1601	0613	1657	0511	1744	0404	1836	0317	1921	0307	1942	27
28	0707	1603	0611	1658	0509	1746	0402	1837	0316	1922	0308	1942	28
29	0705	1604			0507	1748	0400	1839	0315	1924	0308	1942	29
30	0704	1606			0504	1749	0358	1841	0314	1925	0309	1942	30
31	0703	1608			0502	1751			0313	1926			31

DFS DEUTSCHE FLUGSICHERUNG GMBH   **20 JAN 1994**

Dämmerung

Wenn die Sonne unter dem Horizont verschwunden ist, tritt nicht gleich völlige Dunkelheit ein. Ein Teil der Sonnenstrahlen wird von der oberen Atmosphäre reflektiert und damit die Erde indirekt beleuchtet. Auch am Morgen, vor Sonnenaufgang, ist dieser Effekt zu beobachten. Die Sonne erhellt den Himmel, obwohl sie noch gar nicht am Horizont sichtbar ist. Die Dauer dieser indirekten Beleuchtung nennt man Dämmerung (engl. Twilight).

Im Englischen wird die morgendliche Dämmerung mit Dawn und die abendliche Dämmerung mit Dusk bezeichnet.

Je nach Sonnenstand unterscheidet man zwischen der bürgerlichen, nautischen und astronomischen Dämmerung. In der Luftfahrt interessiert nur die bürgerliche Dämmerung (engl. Civil Twilight). Sie fängt am Abend mit dem Sonnenuntergang an und dauert bis der Mittelpunkt der Sonne 6° unter dem Horizont steht.

Am Morgen beginnt die Dämmerung, wenn der Sonnenmittelpunkt 6° unter dem Horizont steht, und dauert bis Sonnenaufgang. Die Dauer der bürgerlichen Dämmerung ist abhängig von der Jahreszeit und der geographischen Breite. In unseren Breiten beträgt sie im Durchschnitt etwa 40 Minuten.

Während der bürgerlichen Dämmerung erlaubt die Helligkeit (bei guten Sichtverhältnissen und ohne Kunstlicht) die Beobachtung der hellsten Sterne und das Erkennen von Geländepunkten.

Zusammenfassung

Die bürgerliche Dämmerung dauert am Abend von Sonnenuntergang bis zum Zeitpunkt, an dem der Mittelpunkt der Sonne 6° unter dem Horizont steht und am Morgen vom Zeitpunkt, an dem der Sonnenmittelpunkt 6° unter dem Horizont steht bis Sonnenaufgang.

Nacht

Die Nacht ist der Zeitraum zwischen dem Ende der abendlichen Dämmerung und dem Beginn der morgendlichen Dämmerung.

In Deutschland wie auch in vielen anderen Staaten ist für die Luftfahrt als Nacht (engl. Night) die Zeitspanne zwischen 30 Minuten nach Sonnenuntergang bis 30 Minuten vor Sonnenaufgang definiert.

Der Beginn und das Ende der Nacht sind wie Sonnenaufgang und Sonnenuntergang von Tag zu Tag und von Ort zu Ort verschieden.

Der Beginn der Nacht ist für die VFR-Luftfahrt von Bedeutung, da in der Nacht z.T. andere Bestimmungen für VFR-Flüge gelten und die Durchführung der Sichtnavigation erheblich erschwert, wenn nicht gar unmöglich wird. In einigen Staaten sind VFR-Flüge bei Nacht verboten.

Zusammenfassung

Nacht: von SS +30 min bis SR -30 min.

Kontroll- und Übungsaufgaben

1. Wodurch entstehen die verschiedenen Jahreszeiten?

2. Wo ist am 21. Dezember länger Tageslicht, in Kopenhagen oder in München?

3. Der bürgerliche Tag hat 24 Stunden; warum nennt man diesen Tag auch den mittleren Sonnentag?

4. Warum hat die Sonne in Frankfurt um 1200 Uhr mittags noch nicht den höchsten Stand erreicht?

5. Um wieviel Uhr MEZ wird die Sonne in München (48°08´N 11°30´E) den höchsten Stand erreichen?

6. Es ist in Hamburg (10°E) 1800 MEZ. Über welchem Meridian steht die Sonne?

7. In Flensburg ist es 0800 UTC. Wieviel Uhr UTC ist es in Paris?

8. In welcher Zeit „bewegt" sich die Sonne von 15°03´E (östliche Grenze Deutschlands) nach 05°54´E (westliche Grenze Deutschlands)?

9. In der AIP VFR ist für den Flugplatz Hartenholm folgende Öffnungszeit in der Sommerperiode veröffentlicht:

0700 - SS +30 (1900).

Wann öffnet und schließt der Flugplatz?

10. Egelsbach (49°57´53´´N 08°38´41´´E) hat am 20. Juli um 1930 UTC Sonnenuntergang. Wann ist am gleichen Tag in Saarbrücken (49°12´56´´N 07°06´37´´E) Sonnenuntergang in MESZ?

11. Welche Zeit wird im Flugsprechfunk benutzt?

12. An welchem Tag haben wir am längsten Tageslicht?

13. Wann beginnt am 05. Mai in Kassel die Nacht?

14. Woher erfährt man, in welchem Zeitraum die MESZ gilt?

15. Wie ist in der Luftfahrt die „Nacht" definiert?

Kapitel 4
Luftfahrtkarten

Allgemeines

In der Flugnavigation, insbesondere in der VFR-Navigation, sind Karten ein sehr wichtiges Hilfsmittel zur Lösung von Navigationsaufgaben. Eine Karte ist eine verkleinerte Darstellung eines Teils der gekrümmten Erdoberfläche auf eine Ebene. Nahezu jedes Flugnavigationsverfahren erfordert eine spezielle Luftfahrtkartenart, welche die Besonderheiten des Verfahrens berücksichtigt.

So benötigt man für die Sichtnavigation Karten, die möglichst viele topographische Angaben (z.B. Wald, Flüsse, Straßen) zur genauen und übersichtlichen Darstellung eines bestimmten Gebietes enthalten. Für funknavigatorische Zwecke gibt es Karten, die genaue Angaben über Standorte und Frequenzen von Funknavigationsanlagen, Flugverkehrsstrecken, Lufträume usw. enthalten. Diese Karten zeigen jedoch nur einige wichtige topographische Merkmale der Erdoberfläche.

Da die Erdoberfläche aufgrund der Kugelgestalt der Erde gekrümmt ist, bereitet ihre Darstellung auf einem ebenen Kartenblatt einige Schwierigkeiten. So ist es unmöglich, auch nur einen Teil der Kugeloberfläche vollkommen fehlerfrei auf einer ebenen Fläche wiederzugeben.

Die Methode der Übertragung von Teilen der Erdoberfläche auf Kartenblätter wird Projektion oder auch Netzentwurf genannt. Man unterscheidet dabei zwischen perspektivischen Projektionen, bei denen das Gradnetz der Erde von einem bestimmten Projektionspunkt aus optisch (perspektivisch) auf die Ebene - also auf das Kartenblatt - übertragen wird und nichtperspektivischen Netzentwürfen, die rein mathematisch entstehen.

Auch die zuletzt genannten mathematischen Entwürfe werden häufig als Projektionen bezeichnet.

Unterschiedliche Kartenprojektionen haben auch verschiedene Eigenschaften. Für die Luftfahrt sind insbesondere folgende Karteneigenschaften von Interesse:

- Maßstabstreue (auch Entfernungs- oder Längentreue genannt), d.h., Längen auf der Erde werden alle im gleichen Maßstab auf der Karte verkleinert dargestellt.

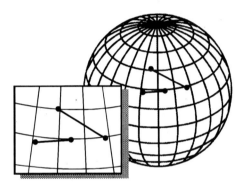

- Winkeltreue, d.h., Winkel auf der Erde stimmen mit Winkeln auf der Karte überein.

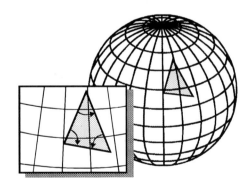

- Formtreue, d.h., Gebiete auf der Erde werden in ihrer wahren Form auf der Karte abgebildet.

Darüberhinaus ist es von Vorteil, wenn die Kursgleiche auf der Karte als Gerade erscheint; das erleichtert die Entnahme von Kursen aus der Karte. Für die Langstreckennavigation kann die Forderung bestehen, die Projektion so durchzuführen, daß Großkreise als Gerade dargestellt werden.

Die „ideale Luftfahrtkarte" sollte maßstabs- und winkeltreu sein, damit Kurse (Winkel) und Entfernungen fehlerfrei für navigatorische Zwecke aus ihr entnommen werden können. Es ist jedoch unmöglich, auch nur einen Teil der Kugeloberfläche der Erde vollkommen maßstabstreu (längentreu) auf einem ebenen Kartenblatt abzuwickeln. Dieses Idealziel kann nur bei der Darstellung von relativ kleinen Gebieten der Erdoberfläche auf Karten annähernd verwirklicht werden.

Eine Karte, die alle die genannten Forderungen erfüllt, kann also nicht entworfen werden. Man kann aber die Kugeloberfläche der Erde - oder besser, Teile davon - so auf eine Ebene projizieren, daß mindestens eine der Eigenschaften gegeben ist. Geht man dabei Kompromisse ein (und nimmt dabei die Mathematik zu Hilfe), so ist es sogar möglich, Karten zu schaffen, die annähernd längen- und winkeltreu sind und auf denen eine der beiden navigatorisch wichtigen Linien, entweder der Großkreis oder die Kursgleiche, als Gerade erscheint.

Zusammenfassung

Unter Kartenprojektion versteht man die Übertragung von Teilen der Erdoberfläche auf Kartenblätter. Wegen der Kugelgestalt der Erde ist es unmöglich, die Erdoberfläche fehlerfrei auf ein Kartenblatt abzubilden. Luftfahrtkarten sollten maßstabstreu und winkeltreu sein, damit Entfernungen und Kurse fehlerfrei entnommen werden können.

Maßstab

Der Maßstab (engl. Scale) einer Karte ist das Zahlenverhältnis, das die Verkleinerung des Kartenbildes gegenüber der Natur ausdrückt. Auf Luftfahrtkarten wird der Maßstab im allgemeinen auf zweifache Art angegeben: Als Verhältniszahl und in Form eines Längenmaßstabes.

Das Verhältnis 1:100.000 bedeutet, daß 1 cm auf der Karte 100.000 cm = 1 km in der Natur entsprechen. Bei einem Maßstab von 1:500.000 gilt: 1 cm auf der Karte gleich 5 km auf der Erde.

Je größer das Zahlenverhältnis, desto kleiner der Maßstab. Man kann sich leicht merken: Ein großer Maßstab zeigt die Einzelheiten der Erdoberfläche groß und ausführlich; bei kleinem Maßstab kann ein großes Gebiet nur klein und ohne Details zur Darstellung kommen. 1:500.000 beispielsweise ist im Vergleich zu 1:100.000 ein kleiner Maßstab.

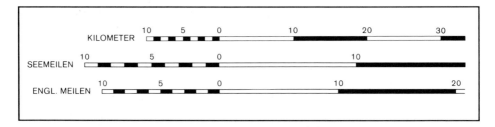

Abb. 24: *Längenmaßstab auf der Luftfahrtkarte ICAO 1:500.000.*

Neben der Angabe des Maßstabs als Zahlenverhältnis findet man auf den meisten Karten einen Längenmaßstab in der in der Luftfahrt üblichen Längeneinheit Seemeilen, manchmal zusätzlich auch in Kilometer und Englische Meilen. Man braucht in der Praxis die Entfernungen also nicht mit Hilfe des Maßstabes umzurechnen, sondern kann die Länge unmittelbar am Längenmaßstab als Entfernung abgreifen.

Zusammenfassung

Der Maßstab (engl. Scale) einer Karte gibt an, wieviel Längeneinheiten auf der Erdoberfläche einer Längeneinheit in der Karte entsprechen. Der Maßstab 1:500.000 bedeutet, daß 1 cm auf der Karte 500.000 cm = 5 km auf der Erde entsprechen.

Projektionsarten

Die Erdoberfläche kann nur auf einem Globus ohne Verzerrungen dargestellt werden. Eine Kugeloberfläche kann aber nicht ohne Verzerrungen auf einer Ebene plan angedrückt werden. Man kann sich aber das Globusnetz auf Hilfsflächen projiziert denken, die sich in der Ebene abwickeln lassen wie z.B. Kegel- und Zylinderflächen und die Ebene selbst.

Schneidet man den Kegel- oder Zylindermantel längs einer Mantellinie auf, so läßt er sich in der Ebene ausbreiten. Man unterscheidet diesem Gedankengang entsprechend:

- Kegelprojektionen, Projektionen auf den Kegelmantel

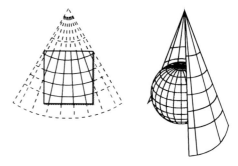

- Zylinderprojektionen, Projektionen auf den Zylindermantel

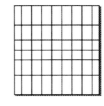 

- Azimutalprojektionen, Projektionen auf die Ebene.

 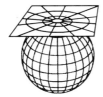

Je nach Lage der Achse des Projektionskörpers zur Erdachse kennt man (E = Ebene, K = Kegel, Z = Zylinder):

- Polständige Projektionen

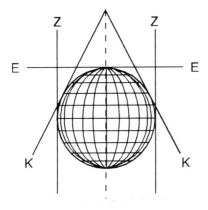

- Äquatorständige (oder transversale) Projektionen

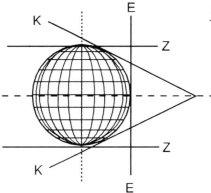

- Zwischenständige Projektionen

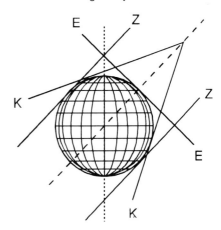

Kegelprojektionen für die Luftfahrt werden nur in polständiger Lage dargestellt, d.h., die Kegelachse fällt mit der Erdachse zusammen. Zylinder- und Azimutalprojektionen werden auch in anderen Achslagen verwendet.

Zusammenfassung

Zur Kartendarstellung wird die Erdoberfläche auf Hilfsflächen projiziert; dementsprechend unterscheidet man zwischen Kegelprojektion, Zylinderprojektion und Azimutalprojektion. Je nach Lage der Achse dieser Hilfsflächen kann die Projektion polständig, äquatorständig oder zwischenständig sein.

Lambertsche Schnittkegelprojektion

Die gebräuchlichste Projektion für die Herstellung von Luftfahrtkarten ist die Kegelprojektion. Die Kegelprojektion kann man sich als Projektion der Erdoberfläche auf einen Kegelmantel vorstellen, der dann entlang eines Meridians aufgeschnitten und in der Ebene abgewickelt wird.

Kegelprojektionen werden sowohl als Berührungskegelprojektionen, d.h., der Kegelmantel berührt die Erdkugel in einem Breitenkreis, als auch als Schnittkegelprojektionen, d.h., der Kegelmantel schneidet die Erdkugel in zwei Breitenkreisen, konstruiert. Die Breitenparallelen werden hier als Bezugsbreitenkreise (engl. Standard Parallels) bezeichnet.

An den Bezugsbreitenkreisen wird die Erde ohne Verzerrungen auf der Karte dargestellt. Mit der Entfernung von den Bezugsbreitenkreisen nimmt die Verzerrung zu. Da die Schnittkegelprojektion zwei Bezugsbreitenkreise hat, ist die Verzerrung dort geringer als bei der Berührungskegelprojektion.

In der Luftfahrt wird nur die „winkeltreue Schnittkegelprojektion mit zwei längentreuen Bezugsbreitenkreisen" (engl. Conical Orthomorphic Projection with two Standard Parallels), auch „winkeltreue Lambertsche Schnittkegelprojektion" genannt, verwendet.

Diese Projektion ist nach ihrem Urheber, dem deutschen Mathematiker Lambert (1728 - 1777), benannt. Da sowohl die Erde als auch der Schnittkegel gemeinsame Bezugsbreitenkreise haben, ist der Maßstab an den zwei Bezugsbreitenkreisen gleichbleibend, d.h., die Karte ist entlang der beiden Bezugsbreitenkreise genau längen- bzw. maßstabstreu. Zwischen ihnen ist der Maßstab kleiner, darüber hinaus größer.

Um den Maßstabsfehler einheitlich zu halten, wählt man die beiden Bezugsparallelen im allgemeinen so, daß über die Hälfte des darzustellenden Gebietes zwischen den Bezugsbreitenkreisen liegt.

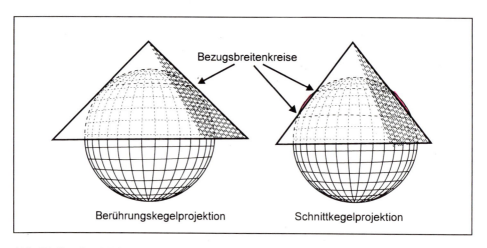

Abb. 25: Kegelprojektion.

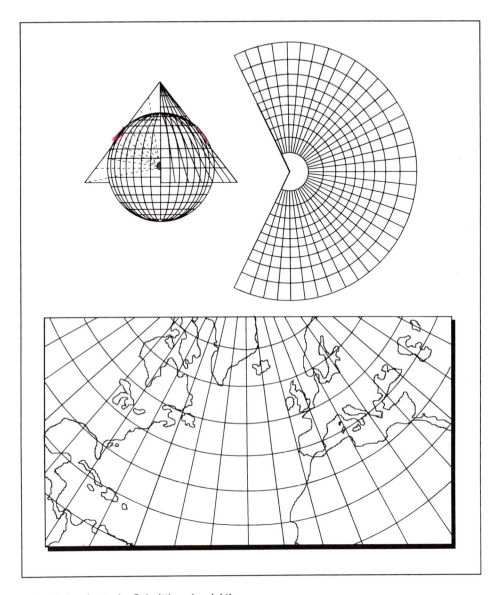

Abb. 26: Lambertsche Schnittkegelprojektion.

Durch diesen „Trick" erreicht man, daß ein größerer Bereich mit nur sehr geringer Verzerrung dargestellt werden kann. Die nach der Lambertschen Schnittkegelprojektion hergestellten Karten kann man daher als annähernd maßstabstreu bzw. als quasi längentreu bezeichnen.

Die Breitenkreise sind konzentrische Kreisbögen fast gleicher Abstände, deren Mittelpunkt der Schnittpunkt der Meridiane (Kegelspitze) ist. Meridiane und Breitenkreise schneiden einander, wie auf der Erde, unter einem Winkel von 90°. Die Lambertsche Schnittkegelprojektion ist winkeltreu. Großkreise werden als annähernd gerade Linien dargestellt. Die Kursgleiche erscheint als äquatorwärts gekrümmte Linie.

Die ICAO (International Civil Aviation Organization, Internationale Zivilluftfahrtorganisation) hat die Lambertsche Schnittkegelprojektion als Grundlage für Luftfahrtkarten gewählt und hierzu international einheitliche Richtlinien für ihren Entwurf festgelegt. Sie ist die in der Luftfahrtnavigation am weitesten verbreitete Projektionsart.

Zusammenfassung

Die Lambertsche Schnittkegelprojektion ist die Standardprojektion für die Herstellung von Luftfahrtkarten. Sie ist winkeltreu und annähernd maßstabstreu. Die Breitenkreise werden als konzentrische Kreisbögen mit fast gleichen Abständen, die Längenkreise als gerade zusammenlaufende Linien abgebildet. Ein Großkreis wird annähernd als Gerade, die Kursgleiche als gekrümmte Linie dargestellt.

Merkatorprojektion

Die Merkatorprojektion (nach dem flämischen Mathematiker Merkator benannt, 1512 - 1594), ist die am häufigsten verwendete Zylinderprojektion. Der Zylinder berührt bei dieser Projektion die Erde am Äquator. Das Kartenbild sieht völlig anders aus als bei der Lambertschen Schnittkegelprojektion. Die Meridiane und Breitenkreise werden als Gerade wiedergegeben, die sich rechtwinklig schneiden. Die Meridiane laufen nicht zu den Polen hin zusammen, sondern haben gleiche Abstände, sind also parallel. Der Abstand der Breitenkreise zueinander nimmt zu den Polen hin immer mehr zu. Die Merkatorprojektion ist winkeltreu (Längenkreise und Breitenkreise stehen senkrecht zueinander), aber nicht maßstabstreu. Nur am Berührungsbreitenkreis, dem Äquator, ist die Karte genau maßstabstreu; in höheren Breiten nimmt die Flächenverzerrung stark zu.

Polargebiete können mit dieser Projektion nicht abgebildet werden. Dreht man aber den Zylinder und läßt ihn nicht am Äquator, sondern an einem Meridian berühren, kann man damit auch die Polargebiete darstellen. Diese spezielle Projektion heißt transversale Merkatorprojektion.

Eine Kursgleiche, eine Linie konstanten Kurses, schneidet alle Meridiane unter demselben Winkel. Da die Meridiane parallel verlaufen, bildet auf einer Merkatorkarte eine Kursgleiche eine Gerade. Diese Eigenschaft besitzt von allen hier genannten Projektionsarten nur die Merkatorprojektion. Großkreise werden als polwärts gekrümmte Linien wiedergegeben.

Die Merkatorprojektion findet Anwendung in der Seefahrt; in der Luftfahrt ist sie nicht gebräuchlich.

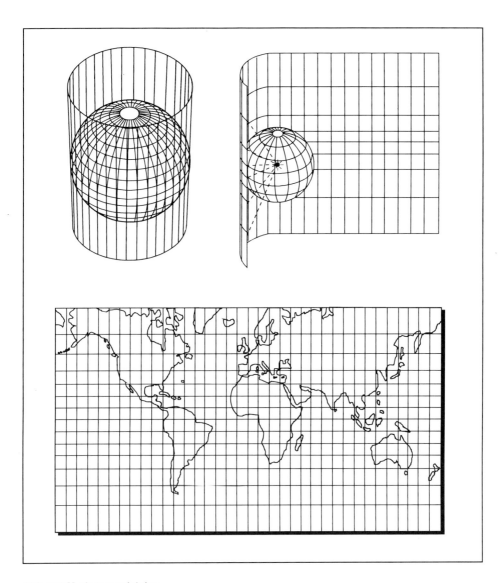

Abb. 27: Merkatorprojektion.

Zusammenfassung

Die Merkatorprojektion ist eine Zylinderprojektion. Sie ist winkeltreu aber nicht maßstabstreu. Die Breitenkreise werden als parallele Geraden mit zu den Polen hin größer werdenden Abständen, die Längenkreise ebenfalls als parallele Geraden mit gleichen Abständen dargestellt. Die Kursgleiche erscheint als Gerade, der Großkreis als gekrümmte Linie.

Azimutalprojektion

Bei der Azimutalprojektion wird das Gradnetz der Erde auf eine ebene Fläche, welche die Erdkugel an irgendeinem Punkt berührt, projiziert. Die perspektivische Übertragung der Erdoberfläche auf die Berührungsebene kann auf folgende Weise zustande kommen:

- Gnomonisch

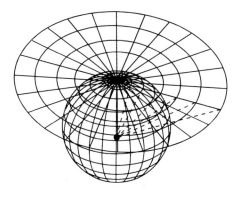

Der Projektionspunkt liegt im Erdmittelpunkt.

- Stereographisch

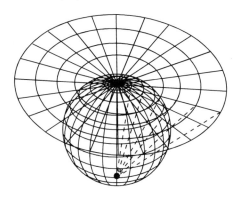

Der Projektionspunkt liegt genau gegenüber dem Berührungspunkt auf der Erdoberfläche.

In der Flugnavigation findet die polständige stereographische Projektion (auch polarstereographische Projektion genannt) für die Darstellung der Polgebiete Anwendung.

Die Projektion ist winkeltreu, aber nicht maßstabstreu; im Bereich der Polgebiete ist der Maßstabsfehler aber verhältnismäßig klein. Der Großkreis wird als eine fast gerade Linie dargestellt, während die Kursgleiche als eine äquatorwärts gekrümmte Linie erscheint.

Zusammenfassung

In der Luftfahrt wird die polarstereographische Projektion zur Darstellung der Polgebiete eingesetzt. Diese Projektion ist winkeltreu, aber nicht maßstabstreu.

Überblick über die Luftfahrtkarten

Die ICAO hat im Anhang 4 „Aeronautical Charts" festgelegt, welche Luftfahrtkarten im einzelnen von den luftfahrtbetreibenden Staaten herausgegeben und nach welchen Grundzügen diese Karten gestaltet werden sollen. Je nach Anwendungszweck enthalten die Karten u.a. Angaben über Topographie (Geländedarstellung, Bebauung, Gewässer usw.), Lage der Flugplätze, Luftraumstruktur, Funknavigationsanlagen und Flugverkehrsstrecken.

In Deutschland werden die Luftfahrtkarten von der DFS Deutsche Flugsicherung GmbH (Offenbach/Main) herausgegeben und als Kartenwerke, bestehend aus mehreren Blättern, und als Einzelkarten im Luftfahrthandbuch (engl. Aeronautical Information Publication, AIP) veröffentlicht.

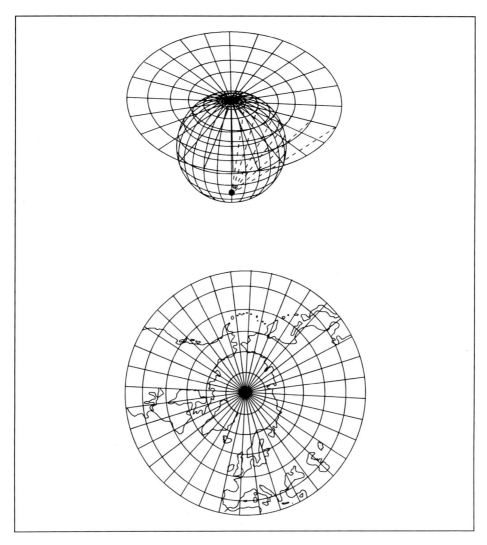

Abb. 28: Polarstereographische Projektion.

In allen Karten wird die Lambertsche winkeltreue Schnittkegelprojektion verwendet.

Für die VFR-Navigation sind vor allem folgende Karten von Interesse:

- Luftfahrtkarte ICAO 1:500.000 (engl. Aeronautical Chart)
- Sichtan-/abflugkarte (engl. Visual Approach/Departure Chart)
- Flugplatzkarte (engl. Aerodrome Chart)
- Streckenkarte (engl. Enroute Chart)

Grundsätzlich veröffentlicht jeder Staat für sein Territorium die entsprechenden Navigationskarten. Die Karten der Bundesrepublik Deutschland und die Karten anderer Staaten kann der Pilot über den Luftfahrtbedarfshandel beziehen. Neben den amtlichen, also von den staatlichen Luftfahrtorganisationen veröffentlichten Karten, gibt es auch Luftfahrtkarten von privaten Anbietern wie z.B. von der Firma Jeppesen. Jeppesen bietet für die VFR-Navigation in Europa ein Airfield Manual mit den Sichtanflug- und Flugplatzkarten aller europäischen Flugplätze.

Auch wenn die auf den Karten zu verwendenden Symbole, Zeichen und Farben von der ICAO vorgeschrieben sind, so zeigt es sich doch, daß es in der Kartendarstellung zwischen verschiedenen Kartenherstellern z.T. erhebliche Unterschiede gibt. Als Pilot sollte man sich daher mit der Art der Kartendarstellung, insbesondere mit der Darstellung von Höhen, intensiv vertraut machen. Die Kartensymbole sind meist am Kartenrand, auf der Kartenrückseite oder bei einem Kartenbuch, wie dem Luftfahrthandbuch AIP VFR, im Vorspann genau erklärt.

Karten sind ein sehr wichtiges Hilfsmittel in der VFR-Navigation; falsche Interpretation der Kartendarstellung kann u.U. zu folgenschweren Navigationsfehlern führen.

Zusammenfassung

Für die VFR-Navigation werden die Luftfahrtkarte ICAO 1:500.000 sowie die Sichtan- und -abflugkarten und Flugplatzkarten für die einzelnen Flugplätze herausgegeben. Genaue Kenntnis der Kartensymbole, -zeichen und -farben ist eine wichtige Voraussetzung für die navigatorische Anwendung dieser Karten.

Luftfahrtkarte ICAO 1:500.000

Für die Sichtnavigation fordert die ICAO von den Staaten die Veröffentlichung einer Weltluftfahrtkarte (engl. World Aeronautical Chart) im Maßstab 1:1.000.000 oder einer Luftfahrtkarte (engl. Aeronautical Chart) im Maßstab 1:500.000. Viele Staaten, so auch die Bundesrepublik Deutschland, geben nur die Luftfahrtkarte 1:500.000 heraus. Für diese Karte ist im Bereich von 80° nördlicher Breite bis 80° südlicher Breite die Lambertsche Schnittkegelprojektion, für die Polgebiete die polarstereographische Projektion vorgeschrieben.

Die Luftfahrtkarte 1:500.000 ist *die* Standardkarte für die VFR-Streckennavigation. Sie besteht aus 8 Blättern und stellt das gesamte Gebiet der Bundesrepublik Deutschland einschließlich angrenzender Gebiete der Nachbarstaaten dar. Neben der für die terrestrische Navigation notwendigen Topographie befinden sich auf der Karte alle für einen VFR-Flug bis Flugfläche 100 wichtigen Flugsicherungsangaben wie Flugplätze, Luftraumstruktur, Navigationsanlagen u.a. Die auf der Karte verwendeten Zeichen und Symbole sind auf der Kartenrückseite erklärt.

Die Luftfahrtkarte erscheint einmal im Jahr (meist im Frühjahr). Das Datum der Herausgabe bzw. der Stand der Flugsicherungsangaben befindet sich in der linken unteren Ecke jeder Karte.

Jedes Kartenblatt trägt einen Namen (ROSTOCK, BERLIN usw.) und dahinter eine Kennzeichnung, z.B.:

Abb. 29 (rechts): Überblick über die 8 Blätter der Luftfahrtkarte ICAO 1:500.000 der Bundesrepublik Deutschland (Quelle: DFS).

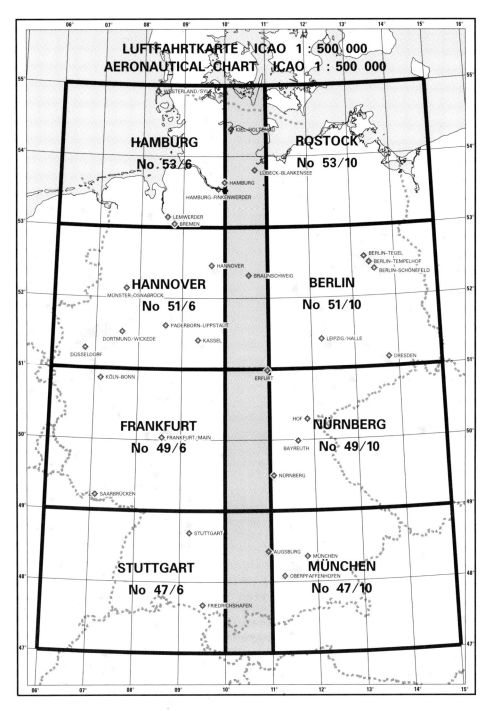

FRANKFURT AM MAIN (NO 49/6). „NO 49/6" bedeutet 49° nördliche Breite und 6° östliche Länge und kennzeichnet damit die geographischen Koordinaten der linken unteren Kartenecke. An den Rändern einer Karte stehen die Namen der entsprechenden Anschlußkarten. Z.B. schließen an das Blatt FRANKFURT AM MAIN im Westen die Blätter „PARIS (NE 48/2)" und „LOW COUNTRIES (NE 50/1)" (Niederlande) an.

Am rechten oberen Kartenrand sind die beiden Bezugsbreitenkreise (engl. Standard Parallels) der Kegelprojektion vermerkt. Die Karten STUTTGART und MÜNCHEN haben als Standard Parallels 44°N und 48°N, die anderen 6 Kartenblätter 50°N und 54°N. Die Bezugsbreitenkreise laufen nicht durch alle Karten. Das hängt damit zusammen, daß die einzelnen Karten einem größeren Kartenwerk entnommen worden sind. Breitenkreise und Längenkreise sind im Abstand von 10′ dargestellt. Alle ganzzahligen Breiten- und Längenkreise (z.B. 48°N, 49°N bzw. 10°E, 11°E) haben eine Einteilung in Minuten. Zu erkennen ist die Konvergenz (Zusammenlaufen) der Längenkreise und die leichte Krümmung der Breitenkreise.

Die Geländehöhen sind nicht, wie bei vielen Karten üblich, als Höhenschichtlinien, sondern als Geländepunkte dargestellt. Geländepunkte mit den dazugehörigen Höhenangaben sind in Schwarz, Hindernisse mit Höhenangaben in Blau eingezeichnet. Besonders hohe Hindernisse (300 m über Grund oder höher) werden mit einem speziellen Kartensymbol gekennzeichnet. Schließlich können so hohe Hindernisse eine sehr große Gefahr für die Luftfahrt darstellen.

Alle Höhenangaben erfolgen in Fuß (engl. Feet, ft) mit Bezug mittlerer Meeresspiegel (engl. Mean Sea Level, MSL, s. Abb. 30).

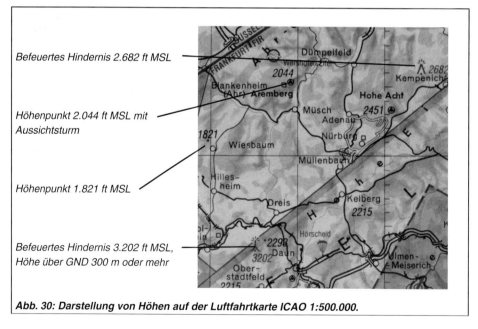

Abb. 30: Darstellung von Höhen auf der Luftfahrtkarte ICAO 1:500.000.

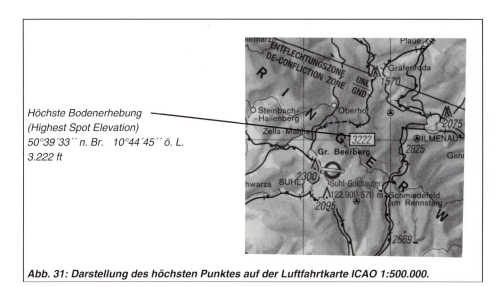

*Höchste Bodenerhebung
(Highest Spot Elevation)
50°39´33´´ n. Br.   10°44´45´´ ö. L.
3.222 ft*

Abb. 31: Darstellung des höchsten Punktes auf der Luftfahrtkarte ICAO 1:500.000.

Am linken Kartenrand ist der höchste Punkt des auf der Karte dargestellten Gebietes mit geographischen Koordinaten und Höhe angegeben. Auf der Karte wird der höchste Punkt durch Einrahmung der Höhenangabe besonders hervorgehoben (s. Abb. 31).

Flugplätze werden nach Art und Verwendungszweck mit verschiedenen Symbolen gekennzeichnet. Die im Symbol eingezeichnete Start- und Landebahn zeigt die wirkliche Ausrichtung der Bahn.

Die Luftfahrtkarte ICAO 1:500.000 enthält alle für das Fliegen nach den Sichtflugregeln zu beachtenden Lufträume, insbesondere die kontrollierten und unkontrollierten Lufträume, Flugbeschränkungsgebiete und Gefahrengebiete. Da allen Luftfahrern bekannt ist, daß in Deutschland der kontrollierte Luftraum (Klasse E) mit einer Untergrenze von generell 2.500 ft über Grund (engl. Ground, GND) festgelegt ist, sind auf der Luftfahrtkarte nur die Teile des kontrollierten Luftraumes besonders hervorgehoben, die abweichende Grenzen haben. So werden die Teile des kontrollierten Luftraumes Klasse E, die in 1.000 ft GND beginnen, mit einem roten Band, die in 1.700 ft GND beginnen, mit einem blauen Band umrandet dargestellt. Kontrollierte Lufträume Klasse C um internationale Verkehrsflughäfen sind durch eine grüne Umrandung gekennzeichnet. Kontrollzonen werden durch rote Rasterflächen besonders hervorgehoben.

Soweit auf der Karte Kurse angegeben werden, beziehen sich diese auf mißweisend Nord.

Zusammenfassung

Die Luftfahrtkarte ICAO 1:500.000 ist *die* Standardkarte für die VFR-Streckennavigation. Die deutsche Ausgabe erscheint als Kartenwerk, bestehend aus 8 Blättern, jedes Jahr neu. Auf der Kartenrückseite sind alle Kartensymbole und Kartenzeichen genau erklärt. Machen Sie sich vor allem mit der Darstellung der Höhen und der Luftraumstruktur eingehend vertraut.

Sichtan/-abflugkarten und Flugplatzkarten

Das von der Deutschen Flugsicherung (DFS) herausgegebene Luftfahrthandbuch AIP VFR enthält Sichtan- und -abflugkarten und Flugplatzkarten für alle deutschen Flughäfen, Landeplätze und Militärflugplätze mit ziviler Mitbenutzung. Durch einen vierwöchentlichen Berichtigungsdienst zur AIP VFR wird gewährleistet, daß die Karten immer dem aktuellen Stand entsprechen.

Sichtan- und -ablugkarten (engl. Visual Approach and Departure Charts) zeigen im Detail die geographische Lage eines Flugplatzes mit den terrestrischen Merkmalen der Umgebung und ermöglichen so das Navigieren in der Umgebung und das Auffinden eines Flugplatzes nach Sicht.

Weiterhin werden die gemäß Flugbetriebsregelung festgelegte Platzrunde bzw. bei kontrollierten Flugplätzen die von der Flugsicherung festgelegten Sichtan- und -abflugverfahren mit Kursen (mißweisend), Höhen und Meldepunkten dargestellt.

Das Flugplatzgelände mit Start- und Landebahnen, Rollwegen, Gebäuden usw. zeigt die für jeden Flugplatz veröffentlichte Flugplatzkarte (engl. Aerodrome Chart).

Zusätzlich werden für einige große Verkehrsflughäfen Flugplatzrollkarten veröffentlicht. Diese Karten sollen dem Piloten beim Rollen auf den Bewegungsflächen des Flugplatzes die Orientierung erleichtern.

Zusammenfassung

Sichtan-/-abflugkarten und Flugplatzkarten für alle zivil genutzten Flughäfen und Landeplätze sind im Luftfahrthandbuch AIP VFR veröffentlicht. Ein Berichtigungsdienst gewährleistet die Aktualität der Karten.

Darüberhinaus enthält die AIP VFR weitere Flugplatzinformationen wie z.B. Anschrift des Flugplatzunternehmers, zuständige Flugsicherungsstelle und Flugwetterwarte, Hinweise auf Tankmöglichkeiten, Verfügbarkeit von Hallenraum usw.

Abb. 32a (Seite 65): Sichtanflugkarte vom Verkehrslandeplatz Görlitz (aus AIP VFR).

Abb. 32b (Seite 66): Flugplatzkarte vom Verkehrslandeplatz Görlitz (aus AIP VFR).

Abb. 33a (Seite 67) und Abb. 33b (Seite 68): Sichtan- und -abflugkarten vom Verkehrsflughafen Düsseldorf (aus AIP VFR).

Sichtan-/abflugkarte Visual Approach/Departure Chart	Höhe ü. NN 778 ELEV	GÖRLITZ
FIS BERLIN INFORMATION 128.075		GÖRLITZ INFO 122.000 Ge

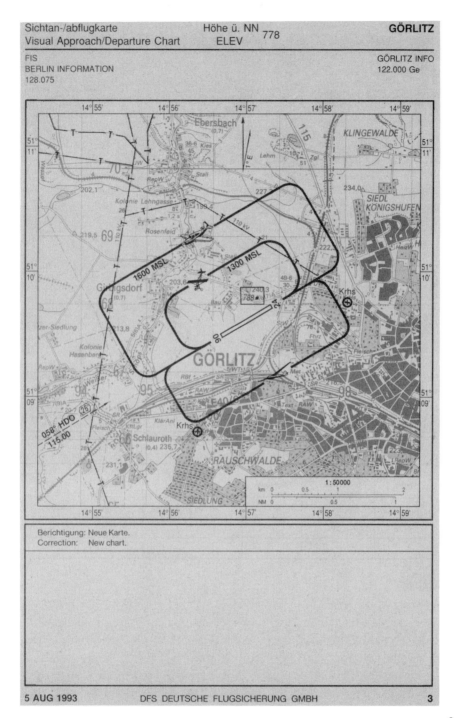

Berichtigung: Neue Karte.
Correction: New chart.

5 AUG 1993 — DFS DEUTSCHE FLUGSICHERUNG GMBH

GÖRLITZ

51 09 40 N
14 57 10 E

Flugplatzkarte
Aerodrome Chart

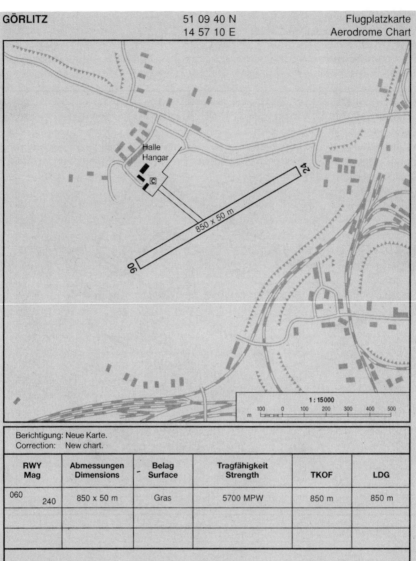

Berichtigung: Neue Karte.
Correction: New chart.

RWY Mag	Abmessungen Dimensions	Belag Surface	Tragfähigkeit Strength	TKOF	LDG
060 240	850 x 50 m	Gras	5700 MPW	850 m	850 m

4 DFS DEUTSCHE FLUGSICHERUNG GMBH 5 AUG 1993

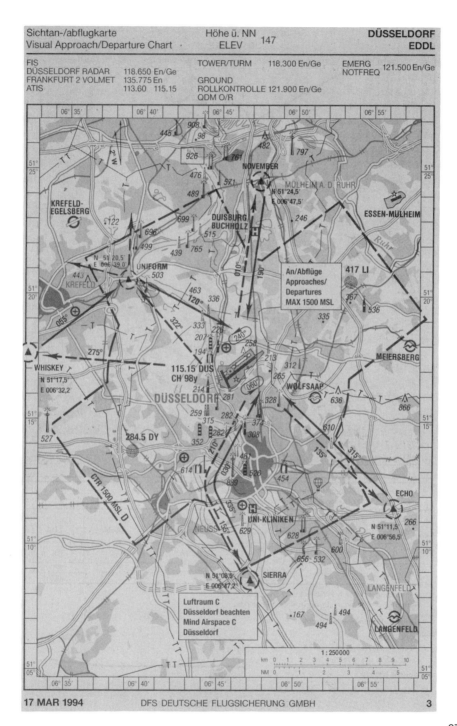

DÜSSELDORF EDDL

51 16 56 N 06 45 29 E

Sichtan-/abflugkarte
Visual Approach/Departure Chart

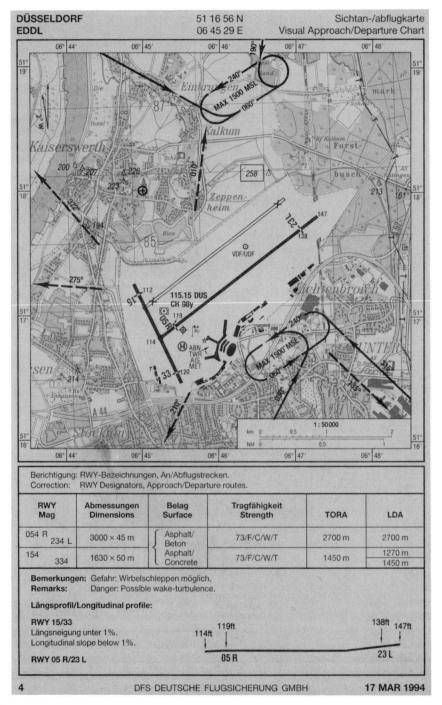

Berichtigung: RWY-Bezeichnungen, An/Abflugstrecken.
Correction: RWY Designators, Approach/Departure routes.

RWY Mag	Abmessungen Dimensions	Belag Surface	Tragfähigkeit Strength	TORA	LDA
054 R / 234 L	3000 × 45 m	Asphalt/Beton	73/F/C/W/T	2700 m	2700 m
154 / 334	1630 × 50 m	Asphalt/Concrete	73/F/C/W/T	1450 m	1270 m / 1450 m

Bemerkungen: Gefahr: Wirbelschleppen möglich.
Remarks: Danger: Possible wake-turbulence.

Längsprofil/Longitudinal profile:

RWY 15/33
Längsneigung unter 1%.
Longitudinal slope below 1%.

RWY 05 R/23 L

114ft 119ft   138ft 147ft
        05 R   23 L

DFS DEUTSCHE FLUGSICHERUNG GMBH **17 MAR 1994**

Streckenkarte

Die Streckenkarte (engl. Enroute Chart) im Maßstab 1:1.000.000 zeigt das Flugverkehrsstreckensystem einschließlich der Lage der Funknavigationsanlagen und der Luftraumstruktur; Topographie, wie auf der Luftfahrtkarte ICAO 1:500.000, wird nicht dargestellt. Sie dient also primär der Streckennavigation nach den Instrumentenflugregeln (IFR). Für die VFR-Navigation ist sie als Übersichtskarte (auch für VFR-Nachtflüge) von Interesse.

Zusammenfassung

Die Streckenkarte (engl. Enroute Chart) ist eine Karte für die IFR-Navigation. Da sie aber alle Funknavigationsanlagen sowie die komplette Luftraumstruktur einschließlich der Flugplätze enthält, ist sie auch für die VFR-Navigation, vor allem als Planungskarte, interessant.

Bezieher der AIP VFR erhalten die Streckenkarte (unterer Luftraum) mit einem Aufdruck der Rufzeichen und Frequenzen der Fluginformationsdienste kostenlos.

Absetzen von Kursen und Entfernungen

Kursentnahme

Will man von einem Flugplatz A zu einem Flugplatz B auf direktem Kurs (also auf einer Kursgleiche) fliegen, so zieht man auf der Luftfahrtkarte eine Gerade von A nach B und mißt entlang dieser den Kurs. Der Kurs ist der Winkel zwischen der Nordrichtung und der eingezeichneten Kurslinie, gemessen im Uhrzeigersinn. Die Nordrichtung wird durch die Meridiane angegeben, die in Richtung zum geographischen Nordpol verlaufen; diese Bezugsrichtung wird mit rechtweisend Nord (rwN, engl. True North, TN) bezeichnet.

Man braucht also nur den Winkel zwischen dem Meridian und der Kurslinie zu messen und erhält den Kurs; man nennt diesen den rechtweisenden Kurs (rwK, engl. True Course, TC) oder auch Kartenkurs.

Die auf der Karte eingezeichnete Gerade stellt annähernd den Teil eines Großkreises (Orthodrome) dar. Da die Meridiane bei der Lambertprojektion zusammenlaufen, ändert sich der Winkel zwischen einer Geraden und der sie schneidenden aufeinanderfolgenden Meridiane. Der Kurs entlang eines Großkreises ändert sich dadurch ständig.

Wir wollen mit *einem* Kurs von A nach B fliegen, also entlang der Kursgleiche. Die Kursgleiche zwischen A und B ist gegen den Großkreis äquatorwärts gekrümmt. Am Mittelmeridian (der Meridian, der in der Mitte zwischen beiden Orten liegt) ist der Kurs der Kursgleiche gleich dem Kurs des Großkreisbogens (vgl. Abb. 14, S. 32).

Mißt man also den Kurs am Mittelmeridian der eingezeichneten Kurslinie, so erhält man den Kurs der Kursgleiche von A nach B. Fliegt man diesen Kurs, so fliegt man entlang der Kursgleiche und damit ganz wenig versetzt zur eingezeichneten Kurslinie.

Wie schon ausgeführt, ist der Unterschied zwischen Großkreis und Kursgleiche auf kurzen Strecken, wie sie in der VFR-Navigation meist üblich sind, sehr klein und kann vernachlässigt werden.

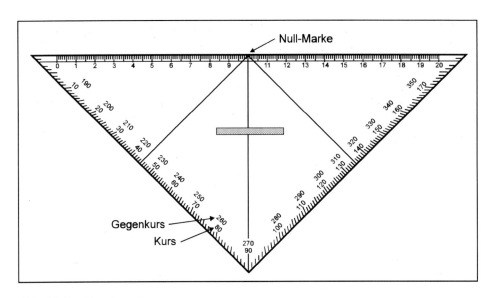

Abb. 34: Das Kursdreieck.

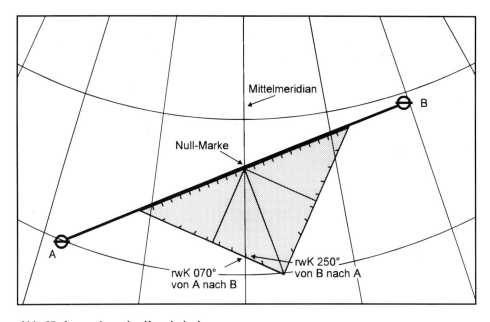

Abb. 35: Anwendung des Kursdreiecks.

Der Kurs wird nicht mit einem „normalen" Winkelmesser, sondern mit einem Kursdreieck der Karte entnommen. Das Kursdreieck hat gegenüber dem Winkelmesser den Vorteil, daß der Kurs unmittelbar abgelesen werden kann.

Das Kursdreieck wird mit der Längsseite an die Kurslinie so angelegt, daß der Mittelmeridian genau durch die Null-Marke durchläuft. Dort, wo der Mittelmeridian durch die Gradeinteilung des Kursdreiecks durchläuft, kann der Kurs bzw. der Gegenkurs, abgelesen werden. Der Meridian, an dem gemessen wird, muß nun nicht exakt in der Mitte liegen. Man mißt an dem in der Karte dargestellten Meridian, der ungefähr in der Mitte der Kurslinie liegt.

Schwierig wird die Kursentnahme, wenn die Kurslinie beinahe in Richtung Nord-Süd verläuft und keinen Meridian schneidet. In diesem Fall muß das Kursdreieck parallel bis zum nächsten Meridian verschoben und dort gemessen werden oder man mißt ausnahmsweise den Winkel der Kurslinie in bezug zum Breitenkreis.

Da Breitenkreise und Längenkreise einen Winkel von 90° bilden, läßt sich hieraus leicht der Kurs errechnen, wie Abbildung 36 zeigt.

Der Unterschied zwischen Loxodrome und Orthodrome ist bei relativ kleinen Distanzen gering, d.h., der am Mittelmeridian abgenommene Kurs kann für die gesamte Strecke gelten.

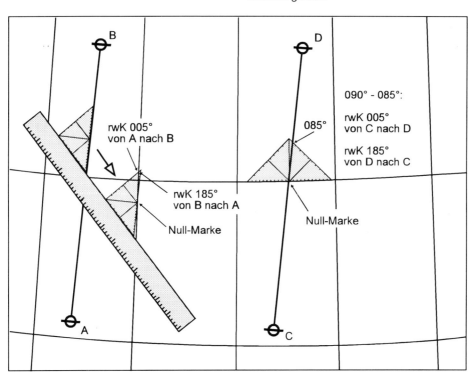

Abb. 36: Entnahme eines Kurses, der beinahe Nord oder Süd ist, aus der Karte.

Wenn zwei Orte etwa 5 Längengrade auseinanderliegen, dann macht sich der Unterschied zwischen eingezeichneter Kurslinie und tatsächlich zu fliegender Kursgleiche schon stärker bemerkbar. Deshalb sollte man bei größeren Entfernungen die Strecke in Abschnitte von 4° bis 5° Länge einteilen und für jeden Streckenabschnitt den Kurs abnehmen (s. Abb. 37).

Entnahme der Entfernung

Da der Maßstab auf Karten nach der Lambertprojektion praktisch über dem gesamten Kartenbereich gleich ist (annähernd maßstabstreu), können die in Grad und Minuten unterteilten Meridiane als Maß für die Entfernung in NM verwendet werden. Auf einem Längenkreis entspricht ja 1´ = 1 NM. Dies gilt nicht auf einem Breitenkreis.

Man greift die zu messende Entfernung mit dem Lineal oder Stechzirkel (Zirkel mit zwei Spitzen) ab und mißt sie entlang eines beliebigen Meridians in NM. Eine andere Möglichkeit ist die Benutzung des Längenmaßstabs am Kartenrand (s. Abb. 38).

Zusammenfassung

Kurse werden den Luftfahrtkarten (Lambertsche Projektion) mit dem Kursdreieck am Mittelmeridian der Kurslinie entnommen. Der Kurs ist der Winkel zwischen der Nordrichtung und der eingezeichneten Kurslinie, gemessen im Uhrzeigersinn. In bezug auf rechtweisend Nord (Richtung der Meridiane) heißt dieser Kurs rechtweisender Kurs (rwK, engl. True Course, TC) oder Kartenkurs. Der Mittelmeridian ist der Meridian, der die Kurslinie in der Mitte schneidet. Entfernungen können an jedem Längenkreis (1´ = 1 NM) oder am Längenmaßstab abgegriffen werden.

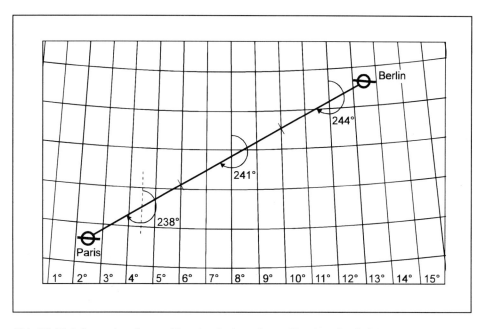

Abb. 37: Einteilung einer langen Flugstrecke in mehrere Streckenabschnitte zur Kursentnahme.

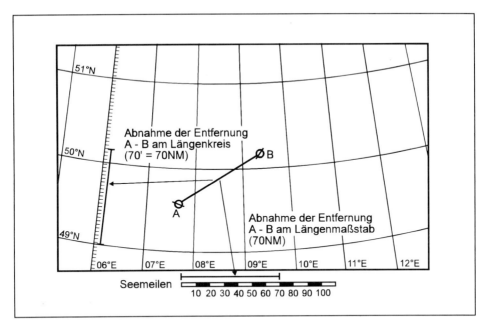

Abb. 38: Entnahme der Entfernung aus der Karte.

Geographie Deutschlands

Die deutschen Luftfahrtkarten für die VFR-Navigation geben die Geographie der Bundesrepublik Deutschland wieder. Sie zeigen den Verlauf der Flüsse, Höhenzüge, Bebauung, Wälder, Straßen und vieles mehr. Der Pilot orientiert sich an diesen geographischen Gegebenheiten, sie sind für ihn ein wichtiges navigatorisches Mittel. Er muß eine grobe Vorstellung von den geographischen Merkmalen der Bundesrepublik Deutschland haben. Anhand der Luftfahrtkarte ICAO 1:500.000 oder aber mit Hilfe eines Atlas sollte jeder Pilot einmal in Ruhe seine geographischen Kenntnisse auffrischen. Die sogenannte „Stumme Karte" in Abb. 39 zeigt die Städte, Höhenzüge, Flüsse und Kanäle der Bundesrepublik Deutschland, die im Rahmen der PPL-Prüfung abgefragt werden.

Zusammenfassung

Jeder Pilot muß mit den markanten geographischen Merkmalen Deutschlands vertraut sein.

Städte ○

1	Rostock
2	Hamburg
3	Bremen
4	Hannover
5	Berlin
6	Magdeburg
7	Düsseldorf
8	Köln
9	Erfurt
10	Leipzig
11	Dresden
12	Frankfurt/M.
13	Saarbrücken
14	Nürnberg
15	Stuttgart
16	München

Höhenzüge ☐

1	Teutoburger Wald
2	Harz
3	Weserbergland
4	Rothaargebirge
5	Westerwald
6	Eifel
7	Hunsrück
8	Taunus
9	Rhön
10	Thüringer Wald
11	Frankenwald
12	Erzgebirge
13	Elbsandsteingebirge
14	Fichtelgebirge
15	Oberpfälzer Wald
16	Böhmerwald
17	Bayerischer Wald
18	Alpen
19	Fränkische Alb
20	Schwäbische Alb
21	Schwarzwald
22	Vogesen
23	Pfälzerwald
24	Odenwald
25	Spessart

Flüsse △

1	Elbe
2	Oder
3	Havel
4	Aller
5	Leine
6	Weser
7	Ems
8	Ruhr
9	Sieg
10	Lahn
11	Fulda
12	Werra
13	Saale
14	Spree
15	Neiße
16	Mosel
17	Nahe
18	Rhein
19	Main
20	Neckar
21	Altmühl
22	Iller
23	Lech
24	Donau
25	Isar
26	Inn

Kanäle ▽

1	Nord-Ostsee-Kanal
2	Elbe-Lübeck-Kanal
3	Küsten-Kanal
4	Mittelland-Kanal
5	Elbe-Seitenkanal
6	Elbe-Havel-Kanal
7	Oder-Havel-Kanal
8	Teltow-Kanal
9	Oder-Spree-Kanal
10	Dortmund-Ems-Kanal
11	Wesel-Datteln-Kanal
12	Datteln-Hamm-Kanal
13	Main-Donau-Kanal
14	Rhein-Seiten-Kanal

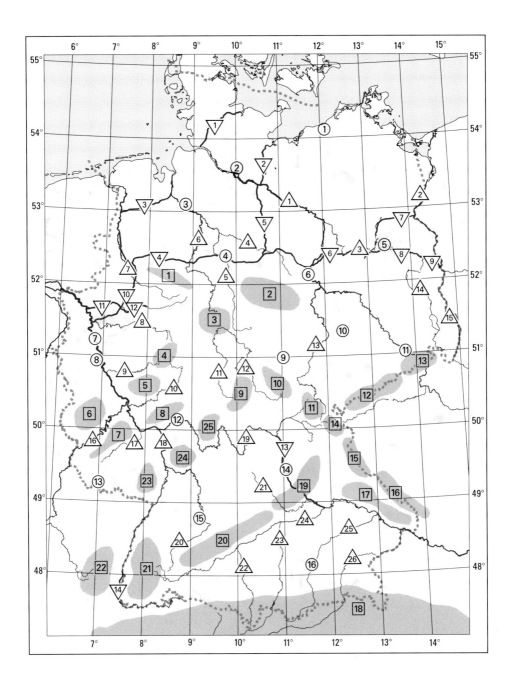

Abb. 39: Die "Stumme Karte".

Kontroll- und Übungsaufgaben

1. Warum kann die Erdoberfläche nicht fehlerfrei auf einer Karte abgebildet werden?

2. Was versteht man unter „Kartenprojektion"?

3. Was bedeuten die Begriffe „Maßstabstreue (längentreu)" und „Winkeltreue"?

4. Welcher Kartenmaßstab ist kleiner: 1:500.000 oder 1:100.000?

5. Auf einer Karte ist der Abstand zwischen den Breitenkreisen 50°N und 51°N 11 cm. Welchen Maßstab hat die Karte?

6. Zählen Sie die Eigenschaften der Lambertschen Schnittkegelprojektion auf!

7. Warum wurde die Lambertsche Schnittkegelprojektion zur Standardprojektion für Luftfahrtkarten gewählt?

8. Welche Bezugsbreitenkreise (Standardparallele) sind für das Kartenblatt Hannover der Luftfahrtkarte ICAO 1:500.000 maßgebend?

9. Warum ist die Merkatorprojektion für Luftfahrtkarten ungeeignet?

10. Wird die Azimutalprojektion in der Luftfahrt genutzt?

11. Was bedeutet die Bezeichnung „(NO 47/10)" am Kartenrand des Kartenblattes München der Luftfahrtkarte ICAO 1:500.000?

12. Besteht die Luftfahrtkarte ICAO 1:500.000 immer aus 8 Kartenblättern?

13. Welche Projektion liegt den Sichtan- und -abflugkarten zugrunde?

14. Warum werden Kurse am Mittelmeridian abgenommen?

15. Wie ist der rechtweisende Kurs (rwK) festgelegt?

16. Der Luftfahrtkarte ICAO 1:500.000 wird am Meridian des Abflugortes der Kurs 105° entnommen. Führt dieser Kurs zum Zielort?

Fragen zur Karte:

17. Entnehmen Sie der Karte den rwK und die Entfernung zwischen den Flugplätzen Betzdorf-Kirchen und Breitscheid.

18. Verfügt der Flugplatz Breitscheid über eine oder mehrere Start- und Landebahnen?

19. In welcher Höhe (in ft MSL) über dem Flugplatz Breitscheid (Flugplatzhöhe 1.833 ft MSL) beginnt der kontrollierte Luftraum?

20. Erklären Sie die bezeichneten Kartensymbole (1 - 10) des Kartenausschnitts auf der rechten Seite.

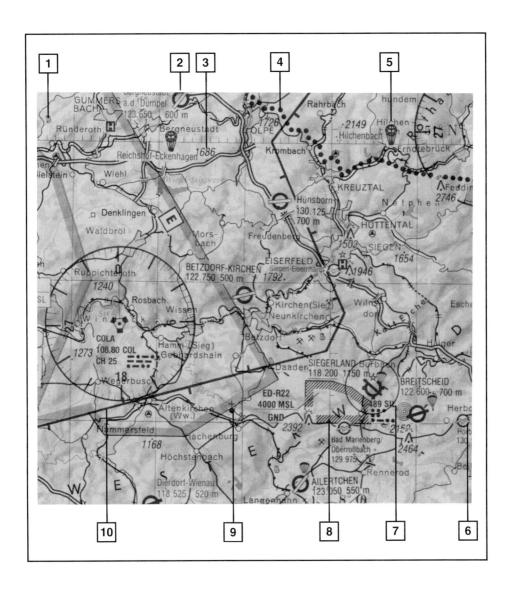

Kapitel 5
Windeinfluß

Einfluß des Windes auf die Navigation

In Kapitel 1 hatten wir als Navigationsbeispiel einen Flug vom Flugplatz Aschaffenburg zum Flugplatz Würzburg-Schenkenturm beschrieben. Wir wollen dieses Beispiel nun dazu nehmen, den Einfluß des Windes auf die Navigation zu erläutern.

Den Kartenkurs von Aschaffenburg nach Würzburg entnehmen wir mit Hilfe des Kursdreiecks aus der Luftfahrtkarte als rwK 102° (s. Abb. 40); die Entfernung beträgt 33 NM. Gemäß Flughandbuch werden wir mit einer Fluggeschwindigkeit von 110 kt (Knoten kt = NM pro Stunde) fliegen. Aus Fluggeschwindigkeit und Entfernung errechnet sich die voraussichtliche Flugzeit von 18 min.

Die Fluggeschwindigkeit von 110 kt, entnommen dem Flughandbuch für eine bestimmte Motorleistung und Flughöhe, nennt man die wahre Eigengeschwindigkeit (V_E, engl. True Airspeed, TAS); es ist die Geschwindigkeit, mit der sich das Flugzeug relativ zur umgebenden Luft (nicht relativ zur Erdoberfläche!) fortbewegt.

Wir fliegen nun vom Flugplatz Aschaffenburg zum Flugplatz Würzburg und steuern unser Flugzeug in Richtung 102°, fliegen also einen rechtweisenden Steuerkurs von 102° (s. Abb. 41). Den Winkel zwischen rechtweisend Nord (rwN) und der Flugzeuglängsachse nennt man den rechtweisenden Steuerkurs (rwSK, engl. True Heading, TH). 18 min später werden wir voraussichtlich über Würzburg ankommen - vorausgesetzt, es herrscht Windstille.

Weht jedoch ein Wind (und das ist in unseren Breiten sehr häufig der Fall), dann wird das Flugzeug u.U. vom geplanten Flugweg abgetrieben. In unserem Beispiel kommt der Wind aus 330° mit 15 kt; in der Kurzform geschrieben: 330/15. Der Wind wirkt also von links, schräg von hinten, auf das Flugzeug ein.

Steuern wir nun unser Flugzeug mit einem rwSK von 102°, dann wird das Flugzeug auf dem Weg nach Würzburg vom Wind nach rechts um den sogenannten Abtriftwinkel (A, engl. Drift Angle, DA) abgetrieben, in unserem Beispiel A +6°. D.h., wir fliegen in Wirklichkeit einen rwK über Grund von 108° und damit um ca. 4 NM südlich am Zielflugplatz vorbei (s. Abb. 42).

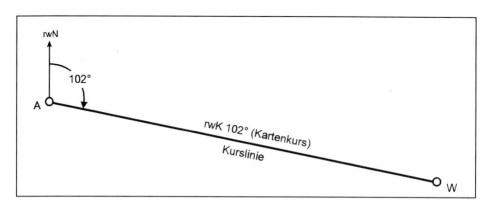

Abb. 40: Flug Aschaffenburg - Würzburg; Kartenkurs rwK 102°.

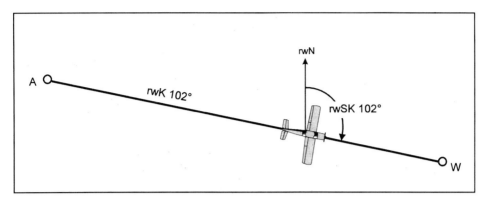

Abb. 41: *Flug Aschaffenburg - Würzburg; rwSK 102°, Windstille.*

Nach 16 min Flugzeit sind wir genau querab vom Flugplatz Würzburg. Aus Flugzeit und Entfernung ergibt sich eine Geschwindigkeit von 121 kt. Das Flugzeug ist also relativ zur Erdoberfläche schneller geworden; man nennt diese Geschwindigkeit die Geschwindigkeit über Grund (V_G, engl. Ground Speed, GS).

Wollen wir direkt nach Würzburg fliegen (das war unsere Absicht), müssen wir von vornherein die Nase des Flugzeuges so in den Wind drehen („vorhalten"), daß das Flugzeug aufgrund der Abtrift genau den geplanten rwK einhält. In unserem Beispiel beträgt der Winkel, um den (nach links) vorgehalten werden muß (der sog. Luvwinkel, L, engl. Wind Correction Angle, WCA), etwa L -6°, der rwSK somit 096° (s. Abb. 43). Die Geschwindigkeit über Grund (V_G) ist nun 119 kt, und damit wird das Flugzeug bereits in 17 min über Würzburg sein.

Der Wind beeinflußt also Kurs und Geschwindigkeit. Die Bestimmung des Luvwinkels und des Steuerkurses ist wichtig, um den geplanten Flugweg genau einhalten zu können.

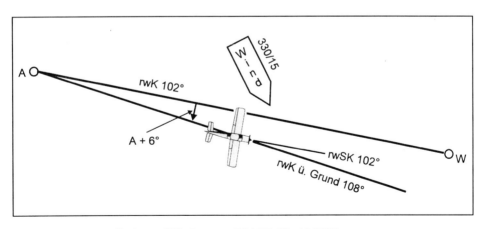

Abb. 42: *Flug Aschaffenburg - Würzburg; rwSK 102°; Wind 330/15.*

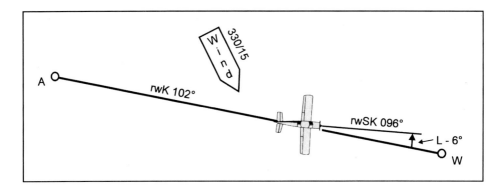

Abb. 43: Flug Aschaffenburg - Würzburg; Windberücksichtigung.

Aber auch der Einfluß des Windes auf die Geschwindigkeit ist von Bedeutung, denn nicht die wahre Eigengeschwindigkeit des Flugzeuges, sondern die Geschwindigkeit über Grund ist die Grundlage für die Flugzeitberechnung. Gerade bei längeren Flügen kann die Verlängerung oder Verkürzung der Flugzeit durch Windeinfluß erhebliche Größen erreichen. Die Flugzeit ist allerdings nicht nur wichtig für die Durchführung der Navigation, sondern vor allem auch für die Kraftstoffbedarfsrechnung.

Zusammenfassung

Der Wind beeinflußt Kurs, Geschwindigkeit und Flugzeit.

Um den Windeinfluß auszugleichen, muß das Flugzeug um den Luvwinkel gegen den Wind vorgehalten werden.

Durch den Wind ändert sich die Geschwindigkeit über Grund (V_G/GS), nicht aber die Eigengeschwindigkeit des Flugzeuges (V_E/TAS).

Für die Berechnung der Flugzeit ist allein die Geschwindigkeit über Grund maßgebend.

Rückenwind und Gegenwind

Kommt der Wind genau von vorn (Gegenwind, engl. Headwind) oder von hinten (Rückenwind, engl. Tailwind), dann muß natürlich *nicht* gegen den Wind vorgehalten werden, d.h. rwK und rwSK sind gleich.

Dagegen verändert sich die Geschwindigkeit über Grund um den Betrag der Windstärke. Dieser Vorgang bereitet vielen immer wieder Kopfzerbrechen; er soll deshalb hier etwas näher betrachtet werden (s. Abb. 44).

Ein Flugzeug fliegt mit einer wahren Eigengeschwindigkeit V_E/TAS von 110 kt in einer Luftmasse; anders ausgedrückt:

Die Geschwindigkeit des Flugzeuges gegenüber der umgebenden Luft beträgt 110 kt. Es herrscht Windstille. Die Luftmassen und die Wolken stehen still. Ein Beobachter am Boden sieht das Flugzeug mit 110 kt über sich hinwegfliegen. Die Geschwindigkeit über Grund V_G/GS beträgt auch 110 kt, d.h., das Flugzeug legt in 1 Stunde 110 NM zurück.

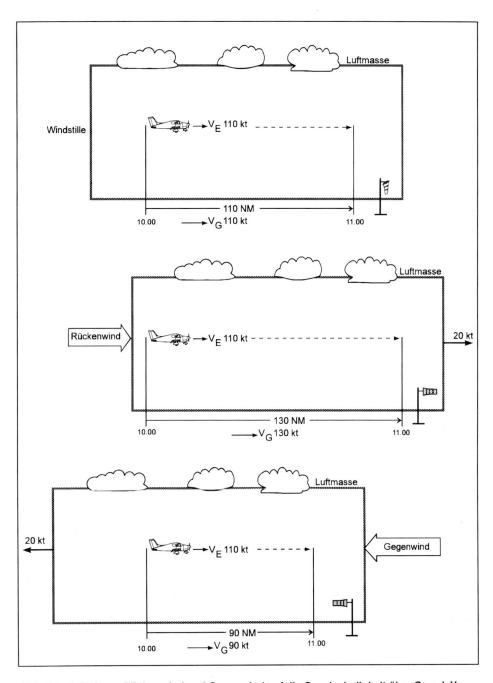

Abb. 44: Einfluß von Rückenwind und Gegenwind auf die Geschwindigkeit über Grund, V_G.

Nun weht ein Wind unmittelbar von hinten, ein Rückenwind mit 20 kt. Die Luftmasse bewegt sich mit 20 kt vorwärts, sichtbar an den Wolken, die mit einer Geschwindigkeit von 20 kt über den Beobachter hinweg ziehen. Das Flugzeug fliegt in der sich mit 20 kt vorwärts bewegenden Luftmasse weiterhin mit V_E/TAS 110 kt, der Pilot hat die Motoreinstellung nicht verändert. Der Beobachter am Boden sieht das Flugzeug mit einer Geschwindigkeit von 110 + 20 = 130 kt über sich hinweg ziehen, die V_G/GS beträgt nun 130 kt.

Kommt der Wind unmittelbar von vorn, also Gegenwind mit z.B. 20 kt, dann bewegt sich alles, was sich in der Luftmasse befindet (Wolken und Flugzeug), mit 20 kt rückwärts. Gleichzeitig fliegt das Flugzeug in dieser sich rückwärts bewegenden Luftmasse mit 110 kt vorwärts. Der Beobachter am Boden sieht die Wolken mit 20 kt Geschwindigkeit sich rückwärts und das Flugzeug mit 110 - 20 kt = 90 kt vorwärts bewegen. V_G/GS ist um 20 kt kleiner als V_E/TAS, also 90 kt.

Stellen wir uns den theoretischen Extremfall vor:

Es weht ein Gegenwind von 110 kt. Das Flugzeug fliegt weiterhin mit V_E/TAS 110 kt und der Pilot kann auch die entsprechende Geschwindigkeit am Fahrtmesser ablesen. Die Geschwindigkeit über Grund V_G/GS ist aber nun 0 kt, d.h., ein Beobachter am Boden sieht das Flugzeug am Himmel (scheinbar) stehen.

Der Wind wird immer mit der Richtung angegeben, aus der er weht. Für den Flug von Aschaffenburg nach Würzburg wurde ein Kurs von 102° der Karte entnommen. Ein Rückenwind mit 20 kt würde in diesem Fall mit 282/20, ein Gegenwind mit 102/20 bezeichnet werden.

Windrichtungen werden als rechtweisende Richtungen (Winkel zu rechtweisend Nord) angegeben, ausgenommen Windrichtungen für Landung und Start. Diese werden auf mißweisend Nord festgelegt.

Zusammenfassung

Rückenwind erhöht die Geschwindigkeit über Grund (V_G/GS) um den Betrag des Rückenwindes.

Gegenwind vermindert die Geschwindigkeit über Grund um den Betrag des Gegenwindes.

Winddreieck

Im Flugbeispiel Aschaffenburg - Würzburg kommt der Wind nicht direkt von vorn oder von hinten, sondern von der Seite. Dabei werden Kurs und Geschwindigkeit beeinflußt. Dieser Einfluß des Windes auf Kurs und Geschwindigkeit läßt sich mit Hilfe des sogenannten Winddreiecks zeichnerisch exakt bestimmen. Hierbei werden der Wind in Richtung und Stärke, der Steuerkurs (rwSK) mit der Eigengeschwindigkeit (V_E) und der rechtweisende Kurs (rwK) mit der Geschwindigkeit über Grund (V_G) als Vektoren gezeichnet.

Vektoren sind Größen, die eine Richtung haben. Der Wind weht mit einer Größe von 10 kt aus Richtung 150°. Gerichtete Größen werden als Pfeil dargestellt. Die Pfeilspitze gibt die Richtung an, die Länge des Vektors die Größe. Zur Unterscheidung im Winddreieck werden die drei Vektoren mit einem Pfeil, zwei oder drei Pfeilen markiert, wie es die Abb. 45 zeigt.

Auf dem Flug von Aschaffenburg nach Würzburg weht der Wind mit 330/15, und

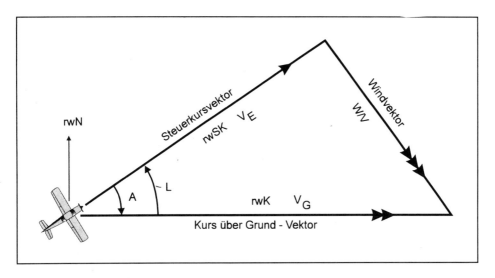

Abb. 45: *Das Winddreieck.*

das Flugzeug steuert einen rwSK von 102°, es wird nach rechts vom geplanten Kurs abgetrieben. Um die Abtrift A, und damit den rwK über Grund, sowie die Geschwindigkeit über Grund V_G zu ermitteln, zeichnen wir das Winddreieck (Abb. 47).

Würde kein Wind wehen, also Windstille herrschen, so würde das Flugzeug nach einer Stunde Flugzeit 110 NM zurückgelegt haben. Zeichnerisch läßt sich dies als eine Linie vom Punkt A (Aschaffenburg) mit Richtung 102° zum Punkt B darstellen. Die Länge der Linie entspricht 110 NM = 11 cm. Nach einer Stunde befindet sich das Flugzeug über Punkt B (bei Windstille).

Stellen wir uns nun vor, der Wind mit 330/15 würde eine Stunde auf das Flugzeug in B einwirken, dann würde es von B

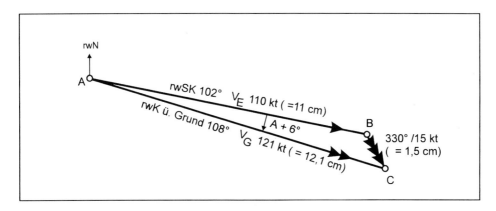

Abb. 46: *Winddreieck zur Ermittlung von A, rwK, V_G.*

aus nach einer Stunde in Richtung 150° um 15 NM = 1,5 cm versetzt werden, also an Punkt C angekommen sein.

Nun wirkt der Wind auf das Flugzeug nicht im „Nachhinein", sondern während des gesamten Fluges, d.h., das Flugzeug ist in einer Stunde unmittelbar von A nach C geflogen. Die Linie A - C entspricht somit dem wirklich geflogenen rwK über Grund von 108°; die Abtrift beträgt A +6°.

Die durch den Wind bewirkte Abtrift kann sowohl rechts als auch links vom Steuerkurs liegen. Bei Abtrift nach links wird der Abtriftwinkel mit einem Minuszeichen (-), bei Abtrift nach rechts mit einem Pluszeichen (+) versehen.

Wenn die Strecke A - C dem über Grund zurückgelegten Flugweg in einer Stunde entspricht, dann ist die Länge der Strecke ein Maß für die Geschwindigkeit über Grund. Die Strecke A - C mißt 12,1 cm, dies entspricht 121 NM pro Stunde, also V_G 121 kt.

Wir haben das Winddreieck A - B - C gezeichnet. Die Seite A - B, der Steuerkursvektor, wird durch den Steuerkurs 102° und die Eigengeschwindigkeit V_E 110 kt festgelegt, die Seite B - C, der Windvektor, durch Windrichtung 330° und Windstärke 15 kt und die Seite A - C, der Kurs-über-Grund-Vektor (auch Grundvektor genannt), durch rwK 108° über Grund und die Geschwindigkeit über Grund V_G 121 kt.

Das Ziel in der Navigation ist es, nicht vom geplanten Kurs abgetrieben zu werden. Das Flugzeug wird daher so in den Wind gedreht, daß die Abtrift von vornherein vermieden wird und das Flugzeug den geplanten Kurs über Grund möglichst geradlinig abfliegt. Der Winkel, um den das Flugzeug vorgehalten wird, heißt Luvwinkel (L, engl. Wind Correction Angle, WCA). Der Luvwinkel ist also der Winkel zwischen dem rechtweisenden Kurs und dem rechtweisenden Steuerkurs. Wird der Luvwinkel eingehalten, dann fliegt das Flugzeug genau entlang der Kartenkurslinie, d.h., Kartenkurs und tatsächlich geflogener Kurs über Grund stimmen überein. Dies gilt allerdings nur, wenn der Wind tatsächlich so weht, wie für die Berechnung des Luvwinkels angenommen. Für den Luvwinkel gilt:

- Wind von links, Flugzeug nach links vorhalten; der Luvwinkel wird mit einem Minus (-) gekennzeichnet.

- Wind von rechts, Flugzeug nach rechts vorhalten; der Luvwinkel wird mit einem Plus (+) gekennzeichnet.

Wie wird nun der Luvwinkel ermittelt?

Hier hilft das Winddreieck. Wir kennen den Windvektor 330/15, vom Steuerkursvektor ist nur die Länge durch V_E 110 kt gegeben. Vom Kurs-über-Grund-Vektor ist nur der Kurs, rwK 102°, aber nicht die Länge (V_G) bekannt. Wir müssen das Winddreieck konstruieren, um die fehlenden Werte zu bestimmen. Da die Ermittlung des Luvwinkels und damit des Steuerkurses und der Geschwindigkeit über Grund eine der am häufigsten in der Navigation vorkommende Aufgabe ist, wird die Konstruktion anhand der Abb. 47 im Detail erklärt.

Zuerst legen wir uns auf einem Blatt Papier die Nordrichtung fest; wir zeichnen einen Strich, das ist unsere Nordrichtung rwN **(1)**.

Von rwN aus werden alle Kurse mit dem Kursdreieck abgetragen. Den Geschwindigkeitsmaßstab legen wir mit 10 kt = 1 cm **(2)** fest.

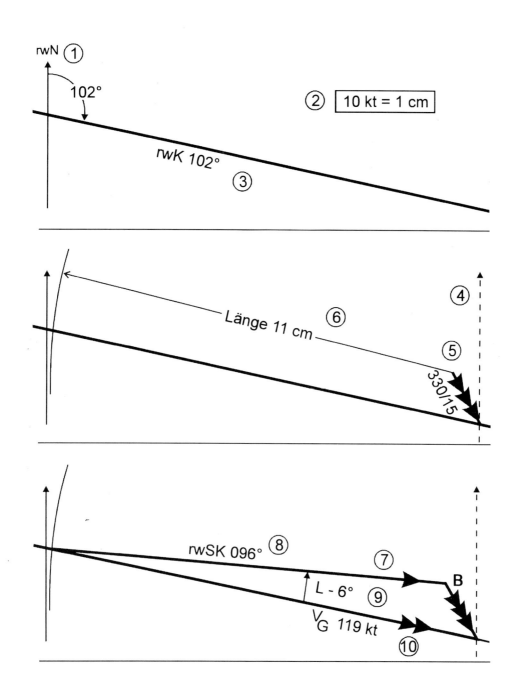

Abb. 47: Konstruktion des Winddreiecks.

Nun zeichnen wir den rwK von 102° ein **(3)**.

Die Länge des rwK-Vektors kennen wir nicht. Wir wissen aber, wenn wir die Abb. 45 noch einmal betrachten, daß der Windvektor immer vom Steuerkursvektor zum Kurs-über-Grund-Vektor weist. Wir tragen also irgendwo rechts vom Kurs-über-Grund-Vektor in Richtung Steuerkursvektor den Windvektor mit 330° und 15 kt = 1,5 cm ein **(5)**.

Um sich die Kursabtragung zu erleichtern, kann man sich zusätzlich einen Hilfsmeridian **(4)** einzeichnen.

Der Steuerkursvektor verläuft vom Anfangspunkt des Kurs-über-Grund-Vektors zum Anfangspunkt des Windvektors. Vom Steuerkursvektor kennen wir nur die Länge von V_E 110 kt = 11 cm. Deshalb schlagen wir um den Anfangspunkt des Windvektors einen Kreisbogen mit der Länge 11 cm **(6)**.

Der Kreisbogen schneidet die rwK-Linie. Diesen Schnittpunkt verbinden wir nun durch eine Gerade mit dem Anfangspunkt des Windvektors **(7)** und haben damit den Steuerkursvektor gezeichnet. Das Winddreieck ist komplett.

Wir messen mit dem Kursdreieck den rwSK mit 096° **(8)**.

Der Luvwinkel, d.h. der Winkel zwischen rwK und rwSK, beträgt L -6° **(9)**.

Die Länge des Kurs-über-Grund-Vektors mißt 11,9 cm, die Geschwindigkeit über Grund beträgt also V_G 119 kt **(10)**.

Der Vollständigkeit halber sei erwähnt, daß am Winddreieck noch zwei weitere Winkel festgelegt sind:

Der Windwinkel (WW, engl. Wind Angle, WA) als Winkel zwischen dem rechtweisenden Kurs und der Windrichtung und der Windeinfallswinkel (WE, engl. Relative Wind Angle, RWA) als Winkel zwischen dem rechtweisenden Steuerkurs und der Windrichtung. Beide Winkel können Werte zwischen 0° und 180° annehmen.

Beispiele zum Winddreieck

In der navigatorischen Flugplanung ergibt sich immer wieder das gleiche Problem: Aufgrund des geplanten Kurses (Kartenkurs), des vorhergesagten Windes und der Fluggeschwindigkeit des Flugzeuges muß der zu steuernde Kurs und für die Berechnung der Flugzeit die Geschwindigkeit über Grund ermittelt werden.

Es sind also gegeben:
$\Rightarrow$ rwK, V_E und Wind.

Gesucht werden:
$\Rightarrow$ rwSK und V_G.

Man nennt diese Aufgabenstellung die 1. Grundaufgabe der Navigation.

Bevor mit Hilfe des Winddreiecks (und später mit dem Navigationsrechner) eine Aufgabe gelöst wird, sollte immer erst einmal in Ruhe überlegt werden, was ungefähr als Ergebnis herauskommen wird. Für die fehlerfreie Zeichnung des Winddreiecks ist es wichtig, daß in der gleichen Einheit gerechnet wird: Alle Kurse beziehen sich auf rechtweisend Nord, alle Geschwindigkeiten auf Knoten. Als Maßstab hat sich in den meisten Fällen 10 kt = 1 cm bewährt. Erst bei großen Geschwindigkeiten muß ein anderer Maßstab gewählt werden, da sonst die Zeichnung nicht auf ein DIN-A4 Blatt paßt.

1. Beispiel

Gegeben
⇒ rwK 110°, V_E 100 kt, Wind 140/30

Gesucht
⇒ rwSK, V_G

Der Wind kommt von rechts schräg vorn, also muß der rwSK größer als der rwK und V_G kleiner als V_E sein.

Ergebnis
⇒ L +9°
⇒ rwSK 119°
⇒ V_G 73 kt

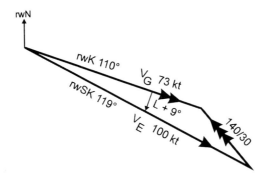

2. Beispiel

Gegeben
⇒ rwK 300°, V_E 130 kt, Wind 250/20

Gesucht
⇒ L, rwSK, V_G

Der Wind kommt von links schräg vorn, also wird der rwSK kleiner als der rwK und V_G kleiner als V_E sein.

Ergebnis
⇒ L -7°
⇒ rwSK 293°
⇒ V_G 116 kt

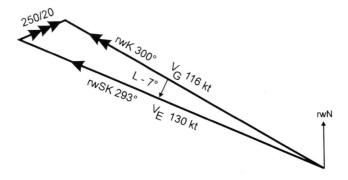

Stellen wir uns nun vor, wir sind den im 2. Beispiel ermittelten rwSK geflogen, kommen aber mehrere NM südlich des Zielortes an. Offenbar stimmte der vorhergesagte Wind nicht mit dem aktuellen Wind überein. Man kann den aktuellen Wind im Nachhinein mit Hilfe des Winddreiecks ermitteln. Der rwSK beträgt 293° und die dazugehörige VE 130 kt. Messen wir nun den tatsächlich über Grund geflogenen Kurs nach und bestimmen die tatsächlich geflogene V_G aus Flugstrecke und Flugzeit, so erhalten wir die Daten für den Kurs-über-Grund-Vektor. Kennen wir Steuerkursvektor und Kurs-über-Grund-Vektor, können wir den Windvektor bestimmen.

Man nennt diese Art der Aufgabenstellung die 2. Grundaufgabe der Navigation.

3. Beispiel

Gegeben
$\Rightarrow$ rwSK 270°, V_E 140 kt
  rwK 280°, V_G 125 kt

Gesucht
$\Rightarrow$ Wind

Ergebnis
$\Rightarrow$ Wind 218/28

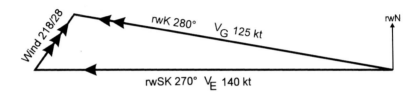

Die 3. Grundaufgabe der Navigation besteht in der Bestimmung von Abtrift A, rwK und V_G, wenn rwSK, V_E und Wind gegeben sind. Diese Art der Aufgabenstellung wurde bereits behandelt; in der praktischen VFR-Navigation hat sie wenig Bedeutung.

Zusammenfassung

Das Winddreieck dient zur graphischen Bestimmung des Windeinflusses. Die drei Seiten des Winddreiecks sind:

- **Steuerkursvektor**
  festgelegt duch rechtweisenden Steuerkurs (rwSK, engl. True Heading, TH) und Eigengeschwindigkeit des Flugzeuges (V_E, engl. True Airspeed, TAS).

- **Kurs-über-Grund-Vektor**
  festgelegt durch rechtweisenden Kurs (rwK, engl. True Course, TC) und Fluggeschwindigkeit über Grund (V_G, engl. Ground Speed, GS).

- **Windvektor**
  festgelegt durch Windrichtung (WR, engl. Wind Direction, WD) und Windgeschwindigkeit (V_W, engl. Wind Speed, WS).

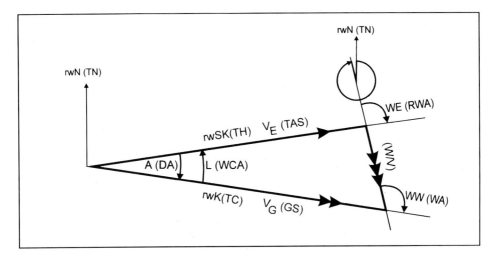

Anmerkung: Für Windrichtung/Windstärke wird auch oft die Abkürzung W/V geschrieben.

Zusätzlich sind im Winddreieck folgende Winkel festgelegt:

- **Abtrift**, Abtriftwinkel (A, engl. Drift Angle, DA), Winkel zwischen rwSK und rwK. Anmerkung: Nach DIN 13312 wird für Abtriftwinkel auch die Abkürzung „D" verwendet.
- **Luvwinkel** (L, engl. Wind Correction Angle, WCA), Winkel zwischen rwK und rwSK.
- **Windwinkel** (WW, engl. Wind Angle, WA), Winkel zwischen rwK und WR.
- **Windeinfallswinkel** (WE, engl. Relative Wind Angle, RWA), Winkel zwischen rwSK und WR.

Alle Richtungen bzw. Kurse im Winddreieck beziehen sich auf rwN/TN. Sind von den 6 Werten, die das Winddreieck festlegen - rwK, rwSK, WR, V_G, V_E, V_W - 4 Werte bekannt, so lassen sich die anderen 2 Werte ausrechnen bzw. graphisch bestimmen.

Querwind und Längswind

Der Wind beeinflußt nicht nur während des Fluges den Kurs und die Geschwindigkeit über Grund, er hat auch wesentlichen Einfluß auf den Start- und Landevorgang. Gegenwind bei Start und Landung führt zu verringerter Abhebe- und Landegeschwindigkeit und so zur Verkürzung der Start- und Landestrecke. Die Flughandbücher enthalten Tabellen, denen die entsprechende Verkürzung der Start- und Landestrecke entnommen werden kann.

Seitenwind erschwert das genaue Führen des Flugzeuges entlang der Mittellinie der Start- und Landebahn. Starker Seitenwind kann sogar Start und Landung unmöglich machen. Viele Kleinflugzeuge sind nur für Starts und Landungen mit maximal 15 kt Seitenwind zugelassen (genaue Angaben enthält das Flughandbuch). Für Start und Landung interessiert vor allem, welcher Anteil des Windes genau von vorne, in Richtung der Start- und Landebahn, und welcher Windanteil von der Seite, im rechten Winkel zur Start- und Landebahn, wirkt.

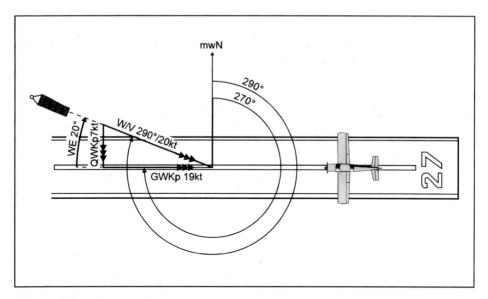

Abb. 48: Seitenwind- und Längswindkomponente bei Start und Landung (nach fsm 2/86).

Der Windvektor wird zu diesem Zweck in die Längswindkomponente und die Seitenwindkomponente (auch Querwindkomponente, QWKp, engl. Crosswind Component, CWC genannt) zerlegt. Die Längswindkomponente kann entweder als Gegenwindkomponente (GWKp, engl. Head Wind Component, HWC) oder als Rücken-

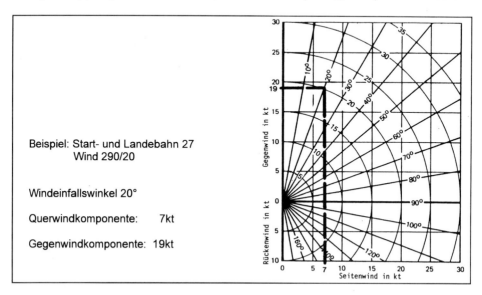

Abb. 49: Winddiagramm zur Berechnung der Querwind- und Längswindkomponente.

windkomponente (RWKp, engl. Tail Wind Component, TWC) auftreten.

In der Abb. 48 beträgt die Start- und Landebahnrichtung 270°, der Wind kommt aus 290° mit 20 kt; der Wind „fällt" also mit 20° auf die Start- und Landebahn 27 und damit auf das dargestellte Flugzeug ein. Zeichnet man den Windvektor von 20 kt mit 4 cm ein, kann man als Querwindkomponente 7 kt (= 1,4 cm) und als Gegenwindkomponente 19 kt (= 3,8 cm) abmessen.

Das Winddreieck wird auf rechtweisend Nord (rwN) ausgerichtet, denn auch die Windrichtungsangabe ist rechtweisend. Anders beim Bodenwind: Dieser wird in bezug auf mißweisend Nord (mwN) angegeben, da auch die Start- und Landebahnrichtung nach mißweisend Nord festgelegt ist.

Wer mit den mathematischen Werten Sinus und Kosinus umzugehen versteht, kann die Querwind- und Längswindkomponente auch nach folgenden Formeln berechnen:

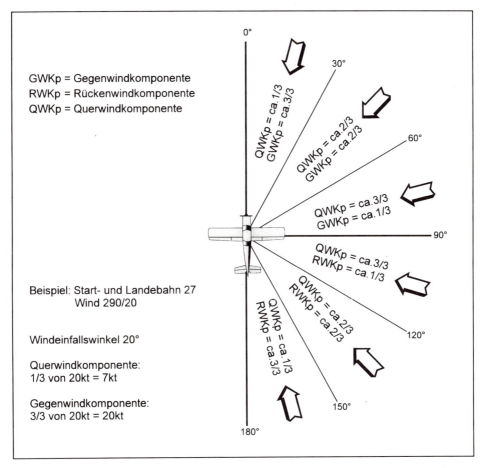

Abb. 50: "Drittel-Methode" zur überschlägigen Berechnung der Querwind- und Längswindkomponente.

- **Längswindkomponente**
  = cos (WE) x Windgeschwindigkeit

- **Querwindkomponente**
  = sin (WE) x Windgeschwindigkeit

In der Praxis wird man die Querwind- und Längswindkomponente wohl selten zeichnerisch oder mathematisch ermitteln; da hilft ein Winddiagramm, wie es in vielen Flughandbüchern zu finden ist (Abb. 49).

Noch einfacher (aber auch ungenauer) ist die überschlägige Ermittlung der Windkomponenten mit der „Drittel-Methode", wie es die Abb. 50 zeigt.

Der 180°-Sektor links oder rechts der Start- und Landebahnrichtung wird in sechs 30°-Sektoren mit den entsprechenden Windkomponentenanteilen aufgeteilt. Im ersten Sektor von 0° bis 30° wirken etwa 3/3 des Windes als Gegenwind und etwa 1/3 als Seitenwind.

Im zweiten Sektor von 30° bis 60° wirken etwa 2/3 des Windes als Gegenwind und etwa 2/3 als Seitenwind usw.

Zusammenfassung

Der Windvektor läßt sich in zwei Komponente zerlegen:

- **Längswindkomponente**
  wirkt in Richtung Flugzeuglängsachse bzw. in Richtung der Start- und Landebahn; unterteilt in Gegenwindkomponente (GWKp, engl. Head Wind Component, HWC) und Rückenwindkomponente (RWKp, engl. Tail Wind Component, TWC).
  Längswindkomponente
  = cos (WE) x Windgeschwindigkeit

- **Querwindkomponente** (QWKp, engl. Cross Wind Component, CWC), auch Seitenwindkomponente genannt, wirkt senkrecht zur Flugzeuglängsachse bzw. zur Start- und Landebahn.
  Querwindkomponente
  = sin (WE) x Windgeschwindigkeit

Zeichnung zu Aufgabe 11.

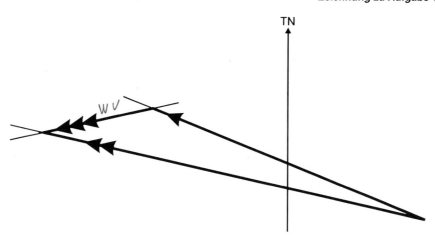

Kontroll- und Übungsaufgaben

1. Bei welchen Windverhältnissen sind rwK und rwSK gleich?

2. Für eine Strecke von 180 NM wird (bei Windstille) eine Flugzeit von 1 h 30 min berechnet. Nach Durchflug der Strecke wird festgestellt, daß genau 2 h vergangen sind. Wie stark war der Wind?

3. rwK 283°, rwSK 280°. Wie groß ist der Luvwinkel?

4. Ein langsames und ein schnelles Flugzeug fliegen gleichzeitig von A nach B. Der Wind kommt von links. Welches Flugzeug steuert den größeren rwSK?

5. Ein Flugzeug steuert rwSK 090°; Wind 360/30. Welche Geschwindigkeit ist größer, V_E (TAS) oder V_G (GS)?

6. Ermitteln Sie zeichnerisch mit Hilfe des Winddreiecks L (WCA), rwSK (TH) und V_G (GS). Gegeben: rwK (TC) 158°, V_E (TAS) 81 kt, W/V 050/15.

7. Ermitteln Sie zeichnerisch mit Hilfe des Winddreiecks L (WCA), rwSK (TH), und V_G (GS). Gegeben: rwK (TC) 248°, V_E (TAS) 135 kt, W/V 320/25.

8. Ermitteln Sie zeichnerisch mit Hilfe des Winddreiecks L (WCA), rwSK (TH) und V_G (GS). Gegeben: rwK (TC) 083°, V_E (TAS) 160 kt, W/V 340/40.

9. rwK 180°, rwSK 190°, Wind 360/20. Wie groß ist der Windeinfallswinkel WE?

10. Es ist eine Windbestimmung durchzuführen. Für den Flug wurden berechnet: rwK 162°, L -6°, V_E 100 kt, V_G 110 kt. Nach 20 min Flug wird festgestellt: tatsächlich zurückgelegter Kurs über Grund rwK 170°, zurückgelegte Strecke 35 NM.

11. Entnehmen Sie dem auf der linken Seite abgebildeten Winddreieck folgende Angaben:
TC, TH, GS, TAS, W/V, RWA, WA.

12. Welche Bedeutung hat die Längswind- und Querwindkomponente für den Lande- und Startvorgang?

13. Start- und Landebahn 22 (220°), Wind 280/15. Ermitteln Sie zeichnerisch die Gegen- und Seitenwindkomponente.

14. Start- und Landebahn 33 (330°), Wind 030/10. Ermitteln Sie rechnerisch die Gegen- und Seitenwindkomponente.

15. Start- und Landebahn 07 (070°), Wind 110/20. Ermitteln Sie mit Hilfe des in Abb. 49 dargestellten Winddiagramms die Gegen- und Seitenwindkomponente.

Kapitel 6
Magnetkompaß

Erdmagnetfeld

Richtungen bzw. Kurse in der Navigation werden in bezug auf Nord festgelegt. Wir haben gelernt, die Meridiane verlaufen in Süd-Nord Richtung, sind also die idealen Bezugslinien für Nord. Auf den Luftfahrtkarten sind die Meridiane eingezeichnet und mit Hilfe des Kursdreiecks können wir den gewünschten Kurs als Winkel zum Meridian entnehmen.

Wie fliegen bzw. wie halten wir aber nun im Flugzeug den Kurs?

Dazu dient uns ein Magnetkompaß, wie wir ihn in ähnlicher Form vielleicht schon einmal beim Wandern benutzt haben. Der Magnetkompaß enthält eine Magnetnadel, diese richtet sich entsprechend dem Erdmagnetfeld nach Nord aus. Damit haben wir auch eine Nord-Bezugslinie, von der aus wir den Kurs von 000° bis 360° messen können.

Um die magnetische Wirkung eines Magneten zu demonstrieren, wurde in der Schule in Physik über einen Stabmagneten ein Papier gelegt und darauf Eisenfeilspäne gestreut. Das Papier wurde leicht geschüttelt und man konnte sehen, wie sich die Eisenfeilspäne ausrichteten und Linien von einem Ende des Stabmagneten zum anderen Ende zeichneten.

Der Stabmagnet übt offenkundig eine Kraft auf die Eisenteilchen aus. Den Raum um einen Magneten, in dem diese magnetische Kraft zu beobachten ist bzw. gemessen werden kann, bezeichnet man als magnetisches Feld. Die Richtung der magnetischen Kraft wird durch die Linien der Eisenfeilspäne, die magnetischen Feldlinien, beschrieben. Die beiden Enden des Stabmagneten, dort wo die magnetischen Feldlinien zusammenlaufen, werden als magnetische Pole bezeichnet. Hängt man einen Stabmagneten frei beweglich auf, so zeigt einer seiner Pole nach Norden, der andere nach Süden, dementsprechend heißen die Pole eines Magneten Nordpol und Südpol.

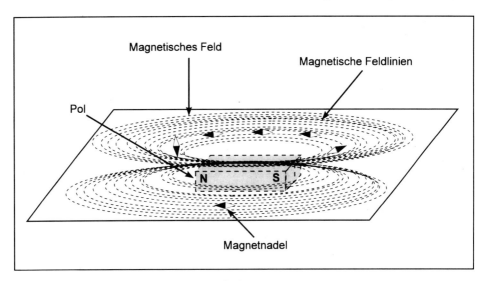

Abb. 51: Magnetische Feldlinien um einen Stabmagneten.

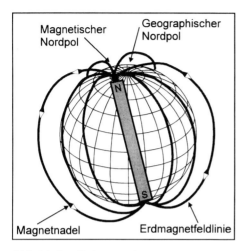

Abb. 52: Das Erdmagnetfeld.

Schaut man sich die Abb. 51 etwas genauer an, so erkennt man, daß die Pole nicht exakt am Ende des Stabmagneten, sondern etwas vom Ende entfernt, im Innern des Stabmagneten liegen.

Die Erde selbst wirkt wie ein riesiger Magnet. Sie hat in ihrer Umgebung ein magnetisches Feld, das Erdmagnetfeld, und besitzt dementsprechend zwei Pole, den magnetischen Nordpol und den magnetischen Südpol. Beide Pole befinden sich nicht auf der Erdoberfläche, sondern etwas unterhalb im Erdinnern. Leider liegen die magnetischen Pole - auf die Erdoberfläche übertragen - nicht genau bei den geographischen Polen, sondern um über 1.000 km abseits davon. Die magnetischen Feldlinien sind dadurch gegenüber den geographischen Meridianen verschoben.

Eine frei aufgehängte Magnetnadel richtet sich (wie die Eisenfeilspäne) aufgrund der Kraft des Erdmagnetfeldes in Süd-Nord-Richtung aus. Das nordsuchende Ende der Magnetnadel zeigt auf den magnetischen Nordpol, man sagt, die Magnetnadel wird vom Nordpol angezogen.

Über die Entstehung des Erdmagnetismus gibt es auch heute noch keine restlos befriedigende Theorie. Ursache könnten im äußeren Erdkern fließende elektrische Ströme sein. Das Erdmagnetfeld ist nicht gleichmäßig und weist mancherlei Änderungen und Unregelmäßigkeiten auf, auch ist es in der Lage nicht konstant, sondern verschiebt sich im Laufe der Zeit. D.h., auch die magnetischen Pole verändern ihre Lage über einen langen Zeitraum. Bei der Entdeckung des magnetischen Nordpols im Jahre 1831 lag dieser auf der Halbinsel Boothia im Norden Kanadas (70°N 97°W). Heute befindet er sich in der Position 78°N 103°W (1985) und liegt damit ca. 700 NM abseits vom geographischen Nordpol (für den Südpol gilt dies entsprechend).

Eine störungsfrei aufgehängte Magnetnadel (d.h., sie wird nicht durch andere Magnete beeinflußt) zeigt also nicht in Richtung zum geographischen Nordpol, sondern richtet sich entlang den magnetischen Feldlinien zum magnetischen Nordpol aus.

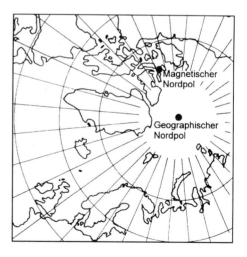

Abb. 53: Lage des geographischen und magnetischen Nordpols.

Die Richtung zum geographischen Nordpol (s.a. Kapitel 2) heißt rechtweisend Nord (rwN, engl. True North, TN). Die Richtung zum magnetischen Nordpol wird entsprechend mit mißweisend Nord (mwN, engl. Magnetic North, MN) bezeichnet. Der Winkelunterschied zwischen rwN und mwN ist die Ortsmißweisung (OM, engl. Variation, VAR), manchmal auch als Mißweisung (MW) bezeichnet.

Die Ortsmißweisung ist von Ort zu Ort verschieden. Sie wird für einen Ort auf der Erde in Winkelgrad (manchmal zusätzlich in Winkelminuten) Ost oder West angegeben. Liegt von einem Ort aus gesehen der magnetische Nordpol östlich vom geographischen, ist die Ortsmißweisung östlich, z.B. OM 5°E; liegt der magnetische Nordpol westlich vom geographischen Nordpol, ist die Mißweisung westlich, z.B. OM 2°W.

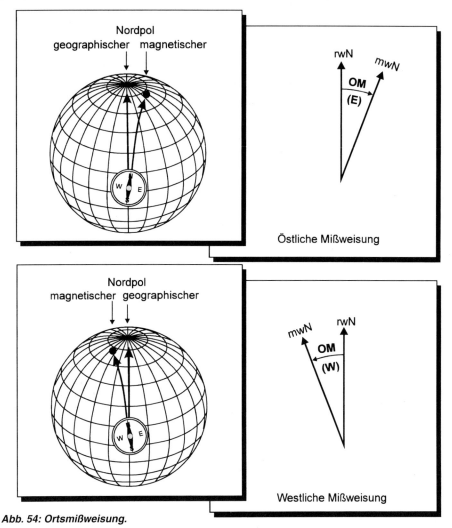

Abb. 54: Ortsmißweisung.

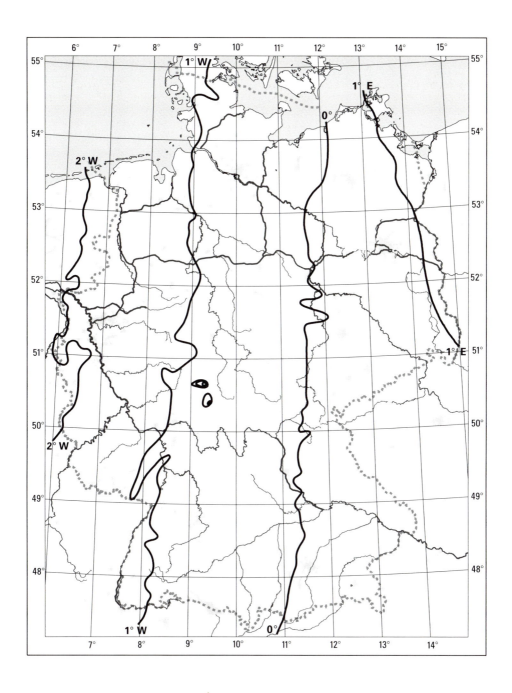

Abb. 55: Verlauf der Isogonen in Deutschland.

Manchmal findet man noch in Büchern anstelle der Bezeichnungen Ost und West die Bezeichnungen plus und minus. Die genannten Beispiele stellen sich dann so dar: OM +5°, OM -2°.

Die Kenntnis der Ortsmißweisung ist für den Piloten wichtig. Er muß wissen, um wieviel Grad der Steuerkurs zu korrigieren ist, damit nach der Anzeige des Magnetkompasses der Kurs über Grund richtig eingehalten werden kann. Deshalb sind auf der Luftfahrtkarte die Isogonen dargestellt. Isogonen sind Linien gleicher Ortsmißweisung. Die Isogone mit der Ortsmißweisung 1°W verläuft z.Z. mitten durch Deutschland, von Flensburg über Bremen und Frankfurt entlang des Schwarzwaldes; alle Orte auf dieser Isogone haben die OM 1°W.

In Saarbrücken beträgt die Ortsmißweisung 2°W, in Paris 3°W, in Reykjavik 23°W und in Moskau 3°E. In Deutschland liegt sie z.Z. im Mittel bei 1°W. Im Osten Deutschlands erkennen wir eine spezielle Isogone, die Isogone mit der OM +/-0°, sie heißt Agone. Entlang dieser Agone ist also der Unterschied zwischen rechtweisend Nord und mißweisend Nord gleich Null.

Wie die Abb. 55 zeigt, ist der Verlauf der einzelnen Isogonen sehr unregelmäßig. Die Ursache hierfür liegt darin, daß das Erdmagnetfeld und damit die Erdmagnetfeldlinien z.T. erheblich von der gleichmäßigen Verteilung, wie wir sie beim Stabmagneten gesehen haben, abweicht. Geologische Formationen unter der Erdoberfläche wie z.B. magnetisches Gestein oder Eisenerzvorkommen können zu regionalen Anomalien des Erdmagnetfeldes und damit zu regionalen Abweichungen im Verlauf der Isogone führen.

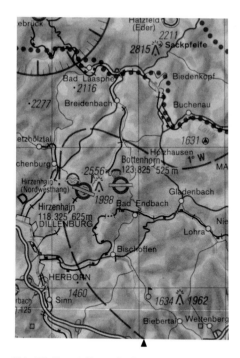

Abb. 56: Darstellung der Isogonen auf der Luftfahrtkarte 1:500.000.

Da sich, wie bereits erwähnt, das Erdmagnetfeld und damit auch die magnetischen Pole allmählich verschieben, verschieben sich im Laufe der Zeit auch die Isogonen. In Deutschland nimmt die Mißweisung z.Z. von Jahr zu Jahr um etwa 0,12° ab, d.h., die Isogonen verschieben sich langsam nach Westen; die Agone rückt damit weiter in die Mitte Deutschlands. Diese zeitliche Änderung der Mißweisung nennt man Säkularvariation.

Die Änderungen des Erdmagnetfeldes werden beobachtet und immer wieder vermessen. Auf der Luftfahrtkarte werden alle 5 Jahre die Isogonen neu eingetragen. Am unteren Rand jeder Luftfahrtkarte ist das Datum der dargestellten Isogonen vermerkt.

Bisher haben wir uns die magnetischen Feldlinien der Erde nur unter dem Aspekt betrachtet, daß sich die Magnetnadel nach Norden hin ausrichtet. Schauen wir uns die Abb. 52 noch einmal aufmerksam an, so erkennen wir, daß die magnetischen Feldlinien zwar in Richtung Süden und Norden verlaufen, sich dabei aber immer stärker gegenüber der Erdoberfläche krümmen und an den Polen nahezu senkrecht in die Erde „eintauchen".

Der Winkel, den die magnetischen Feldlinien gegenüber der Erdoberfläche, also gegenüber dem Horizont einnehmen, heißt Inklination oder auch magnetische Neigung. In Deutschland beträgt die Inklination im Mittel 65°. Über den magnetischen Polen ist die Inklination am größten (90°), in der Nähe des Äquators am geringsten (0°).

Diese magnetische Neigung kann man mit einem normalen Magnetkompaß wegen der Art der Lagerung der Magnetnadel nicht exakt darstellen. Nimmt man eine Magnetnadel, die um eine durch den Schwerpunkt gelagerte horizontale Achse drehbar ist, so kann man sehen, daß sich in unseren Breiten die Magnetnadel um 65° neigt.

Verbindet man Orte mit der gleichen Inklination, so erhält man als Linien die Isoklinen. Die Isokline mit der Inklination 0° heißt Akline („magnetischer Äquator").

Durch die Inklination werden bei bestimmten Flugmanövern (Kurve, Beschleunigung) Anzeigefehler am Magnetkompaß hervorgerufen, die der Pilot kennen muß.

Die Inklination, besser: die Neigung der magnetischen Feldlinien, ist auch dafür

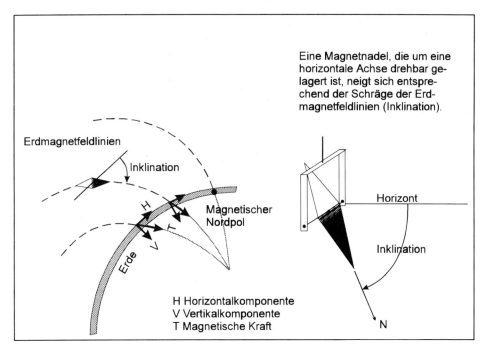

Abb. 57: Inklination.

„verantwortlich", daß mit Annäherung an die magnetischen Pole die Anzeige des Magnetkompasses immer ungenauer und unzuverlässiger wird. Betrachtet man an einem Ort auf der Erde die magnetische Kraft entlang einer magnetischen Feldlinie, so kann man sich die magnetische Kraft in einen horizontalen Anteil - die Horizontalkomponente - und einen vertikalen Anteil - die Vertikalkomponente - zerlegt denken. Für die Ausrichtung der Kompaßnadel nach Norden maßgebend ist die Horizontalkomponente der magnetischen Kraft. Wie Abb. 57 zeigt, wird diese Horizontalkomponente zu den Polen hin immer kleiner und ist unmittelbar über den Polen nicht mehr vorhanden. Der Magnetkompaß ist daher in den Polgebieten für die Navigation nicht mehr brauchbar.

Zusammenfassung

Die Erde besitzt ein Magnetfeld mit magnetischen Polen. Die magnetischen Pole liegen über 1.000 km entfernt von den geographischen Polen. Eine störungsfrei aufgehängte Magnetnadel richtet sich zum magnetischen Nordpol aus. Die Richtung zum magnetischen Nordpol heißt mißweisend Nord (mwN, engl. Magnetic North, MN).

Die Ortsmißweisung (OM, engl. Variation, VAR) ist der Winkel zwischen rechtweisend Nord und mißweisend Nord, bezeichnet mit West bzw. Ost. In Deutschland beträgt die OM zur Zeit 1°E bis 2°W.

Isogonen sind Linien gleicher Ortsmißweisung. Agone ist die Isogone mit OM 0°.

Inklination ist der Winkel, um den die magnetischen Feldlinien des Erdmagnetfeldes gegenüber dem Horizont geneigt sind. Die Inklination beträgt in der Bundesrepublik im Mittel 65°. Isoklinen sind Linien gleicher Inklination. Akline ist die Isokline mit der Inklination 0°.

Aufbau des Magnetkompasses

Bei einem Wanderkompaß schwingt die auf einer Spitze ruhende Magnetnadel über einer fest mit dem Gehäuse verbundenen Kompaßrose. Im Flugzeug wäre ein solcher Kompaß ungeeignet. Die ungedämpfte Kompaßnadel würde durch die Flugzeugbewegungen unruhig hin und her wandern, und der Kurs wäre schwer ablesbar. Für Flugzeuge hat man daher einen speziellen Flugzeug-Kompaß entwickelt, bei dem das Magnetsystem in einer Flüssigkeit schwingt und somit in seinen Bewegungen gedämpft wird. Zur Verstärkung der Richtkraft besitzt der Flugzeug-Magnetkompaß meist mehrere parallel liegende Magnetstäbchen, das Magnetsystem.

Das Magnetsystem trägt zugleich die Kompaßrose; diese wiederum ist mit einem sogenannten Schwimmer, einer Art flachem Hut, versehen. Das gesamte System ruht auf einem Spitzenlager, so daß es sich um die Spitze frei bewegen und nach Nord ausrichten kann.

Damit das Magnetsystem möglichst stabil lagert und nicht der Inklination unterliegt, ist es oberhalb des Schwerpunktes „aufgehängt" (Pendelwirkung) und der Schwerpunkt um einen winzigen Betrag südlich vom Auflagepunkt verschoben. Damit wird der nach Norden abwärts gerichteten Kraft (Inklination) entgegengewirkt. Diese Art der Aufhängung führt zu Kompaßfehlern, die noch ausführlich behandelt werden.

Das Kompaßgehäuse ist mit einer öligen Flüssigkeit (meist eine Art Petroleum) gefüllt, welche die Bewegungen des Magnetsystems dämpft und somit auch im Flug zu einer weitgehend ruhigen Anzeige führt.

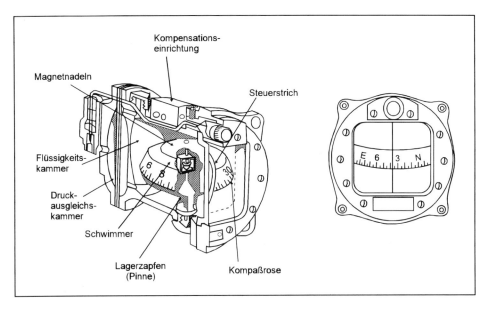

Abb. 58: Aufbau des Flugzeug-Magnetkompasses.

Am hinteren Teil des Kompaßgehäuses befindet sich eine Druckausgleichskammer mit einer Membrane, welche bei Temperaturschwankungen die Ausdehnung bzw. das Zusammenziehen der Flüssigkeit aufnimmt. Weiterhin enthält der Kompaß eine Kompensationseinrichtung, mit deren Hilfe die Kompaßablenkung (Deviation) beeinflußt wird.

Das Kompaßgehäuse wird vorn von einer Glasscheibe, über welche man die Kompaßrose beobachten kann, abgeschlossen. Das Ablesen der Richtung bzw. des Kurses erfolgt an dem in der Glasscheibe markierten Steuerstrich. Da die Kompaßrose vom Piloten sozusagen von hinten betrachtet wird, ist die Gradeinteilung an der Kompaßrose um 180° versetzt angebracht. Die Kompaßrose ist von 5° zu 5° eingeteilt und von 30° zu 30° beschriftet. Die Ziffer 3 bedeutet 30°, 6 = 60° usw. Die Haupthimmelsrichtungen sind mit N, E, S, und W gekennzeichnet.

Durch die umgekehrte Beschriftung entsteht im Kurvenflug der Eindruck, als ob die Kompaßrose sich entgegengesetzt zur Drehrichtung des Flugzeuges dreht. Tatsächlich jedoch dreht sich die Kompaßrose überhaupt nicht, sondern das Flugzeug dreht sich um die stillstehende, nach Nord ausgerichtete Kompaßrose.

Der Magnetkompaß ist bei allen Flugzeugen auf dem oder über dem Instrumentenbrett genau in der Mitte in Richtung der Flugzeuglängsachse fest montiert. Der Kompaß zeigt also immer den Winkel zwischen Nord und Flugzeuglängsachse, den Steuerkurs, an. Bislang hatten wir nur den rechtweisenden Steuerkurs (rwSK, engl. True Heading, TH) kennengelernt. Wirken auf den Magnetkompaß keine Störungen ein, so zeigt das Magnetsystem nach mißweisend Nord, am Steuerstrich kann man dann den mißweisenden Steuerkurs (mwSK, engl. Magnetic Heading, MH) ablesen.

Der mwSK ist der Winkel zwischen mißweisend Nord und der Flugzeuglängsachse; er unterscheidet sich vom rechtweisenden Steuerkurs rwSK um den Betrag der Ortsmißweisung OM.

Zusammenfassung

Der Flugzeugmagnetkompaß besteht im wesentlichen aus einem Magnetsystem (mehrere parallele Magnetnadeln) mit Kompaßrose und Schwimmer. Das System lagert auf einer Spitze oberhalb des Schwerpunktes und ist zur Dämpfung von Flüssigkeit umgeben.

Kompaßablenkung - Deviation

Der Magnetkompaß richtet sich nach mwN (MN) aus. Dies gilt nur, wenn der Kompaß nicht von magnetischen Störfeldern beeinflußt wird. Jeder, der schon mit einem einfachen Wanderkompaß gearbeitet hat, weiß, daß man die Kompaßnadel mit einem Stück Eisen oder gar mit einem Magneten aus der Nordrichtung ablenken kann.

Auch der Magnetkompaß im Flugzeug unterliegt solchen Ablenkungen, hervorgerufen durch Eisenteile und elektrische Anlagen im Flugzeug. Durch diese „Störmagnetfelder" wird der Kompaß aus der mißweisenden Nordrichtung abgelenkt. Man nennt diese Ablenkung die Kompaßablenkung oder Deviation (DEV, engl. Deviation, DEV).

Die Richtung, in welche die Kompaßnadel nun tatsächlich zeigt, heißt Kompaß-Nord (KN, engl. Compass North, CN). Die Deviation ist also der Winkelunterschied zwischen mwN (MN) und KN (CN).

Am Steuerstrich am Flugzeug-Magnetkompaß wird tatsächlich nicht der mißweisende Steuerkurs - mwSK, sondern der Kompaßsteuerkurs (KSK, engl. Compass Heading, CH), also der Winkel zwischen Kom-

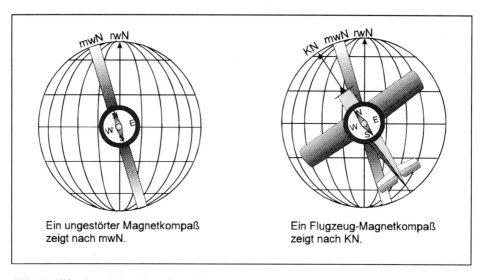

Abb. 59: Mißweisend Nord (mwN) und Kompaß-Nord (KN).

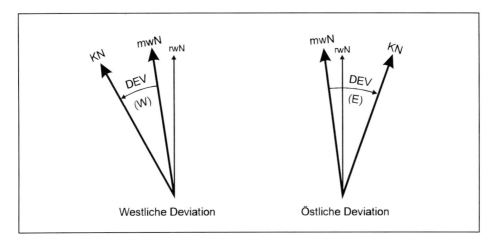

Abb. 60: Deviation.

paß-Nord und Flugzeuglängsachse, angezeigt.

Wird die Kompaßnadel von der mißweisenden Nordrichtung nach Osten hin abgelenkt, so spricht man von einer östlichen Deviation, z.B. DEV 3°E, wird sie nach Westen hin abgelenkt, von einer westlichen Deviation, z.B. DEV 4°W. Wie bei der Ortsmißweisung findet man manchmal anstelle der Schreibweise E und W die Bezeichnung + für E und - für W; DEV 3°E entspricht DEV +3°, DEV 4°W entspricht DEV -4°.

Durch die Überlagerung der magnetischen Störfelder im Flugzeug mit dem Magnetfeld der Erde ergeben sich für verschiedene Richtungen unterschiedlich große Deviationen. Die Deviation ist also für einen Kompaß kein fester Wert, sondern sie kann in verschiedene Richtungen unterschiedlich groß sein.

Man versucht, die Deviation möglichst klein zu halten, sie auszugleichen (zu kompensieren). Hierzu sind im Magnetkompaß kleine Störmagnete, sogenannte Kompensationsmagnete, angebracht, die, entsprechend eingestellt, den magnetischen Störfeldern des Flugzeuges entgegenwirken sollen. Die schließlich noch auftretende Restdeviation wird auf einer Tabelle festgehalten. Diese Deviationstabelle wird in der Nähe des Magnetkompasses, meist unterhalb, angebracht. Die Restdeviation sollte 10° nicht überschreiten. Jedes Jahr bei der Jahresnachprüfung des Flugzeuges und immer dann, wenn Änderungen in der elektrischen Anlage durchgeführt werden, muß der Flugzeug-Magnetkompaß neu kompensiert und eine neue Deviationstabelle angelegt werden.

Die Abb. 61 zeigt zwei verschiedene Arten von Deviationstabellen. Auf der oberen Tabelle wird die zu berücksichtigende Deviation unmittelbar angegeben, auf der unteren Tabelle wird dem Piloten dargestellt, wie er zu steuern hat, d.h., das Kopfrechnen fällt weg. Soll z.B. ein mißweisender Steuerkurs (mwSK) von 060° geflogen werden, so muß der Pilot am Kompaß einen Kompaßsteuerkurs (KSK) von 062° ablesen.

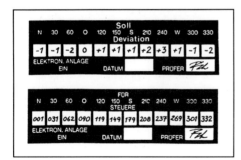

Abb. 61: Deviations- und Steuertabelle.

Da die Deviation nur in 30°-Schritten angegeben wird, muß bei Kursen, die dazwischen liegen, der Wert interpoliert werden. Beispielsweise ergibt sich bei einem mwSK von 080° nach der o.a. Tabelle ein KSK von etwa 081°.

Zusammenfassung

Durch magnetische Störfelder im Flugzeug wird der Magnetkompaß aus der mißweisenden Nordrichtung abgelenkt. Die Kompaßnadel zeigt in Richtung Kompaß-Nord (KN, engl. Compass North, CN).

Kompaßablenkung bzw. Deviation (DEV, engl. Deviation, DEV) ist der Winkel zwischen mißweisend Nord und Kompaß-Nord.

Kompaßsteuerkurs (KSK, engl. Compass Heading, CH) ist der Winkel zwischen Kompaß-Nord und Flugzeuglächsachse.

Dreh- und Beschleunigungsfehler des Kompasses

Befindet sich das Flugzeug in horizontaler Lage und im unbeschleunigten Geradeausflug, wirken auf den Flugzeug-Magnetkompaß die Horizontalkomponente des Erdmagnetfeldes und zusätzlich das Störmagnetfeld des Flugzeuges ein. Der Kompaß richtet sich nach Kompaß-Nord (KN) aus. Die Inklination und damit die Vertikalkomponente des Erdmagnetfeldes macht sich aufgrund der Aufhängung des Kompaßmagnetsystems über dem Schwerpunkt nicht bemerkbar.

Kompaß-Drehfehler

Im Kurvenflug neigt sich das Flugzeug in die Kurve, und auch das Magnetsystem legt sich aufgrund der nun einwirkenden Beschleunigungskräfte in die Schräge. Dadurch kommt das Magnetsystem in eine andere Lage zu den Erdmagnetfeldlinien. Die Magnetstäbchen versuchen, sich in die wirkliche Richtung der magnetischen Feldlinien auszurichten, der „Inklination zu folgen". Der Kompaß wird aus der Nordrichtung abgelenkt und kann das wahre Maß der Drehung während der Kurve nicht anzeigen.

Nehmen wir an, wir fliegen einen Kurs von 360° und leiten eine Linkskurve ein. Das Flugzeug und auch die Magnetnadel neigen sich in die Kurve. Durch diese Schräglage kippt das Nordende der Kompaßnadel nach unten. Am Steuerstrich des Kompasses liest der Pilot einen Kurs von vielleicht 020° oder 030° ab. Der Kompaß zeigt also zu Beginn der Kurve eine entgegengesetzt gerichtete Kurve an.

Erst im weiteren Kurvenverlauf schwingt der Kompaß allmählich zurück, er bleibt aber doch hinter dem tatsächlich geflogenen Kurs des kurvenden Flugzeuges zurück. Die gleiche Art der Falschanzeige ergibt sich, wenn das Flugzeug von Nord aus eine Rechtskurve macht.

Bei Kurven aus Ost oder West in Richtung Nord tritt zwar nicht der Effekt auf, daß eine Kurve in entgegengesetzte Richtung angezeigt wird, das Nachhinken hinter dem tatsächlich geflogenen Kurs ist aber auch hier vorhanden.

Daraus folgt, daß Kurven aus Nord in östliche oder westliche Richtungen und Kurven aus Ost oder West in nördliche Richtung entsprechend der Größe der Falschanzeige früher beendet werden müssen.

Betrachten wir ein Flugzeug mit Kurs 180°. Es geht in eine Linkskurve, Flugzeug und Kompaßnadel legen sich schräg in die Kurve, das Nordende der Kompaßnadel kippt nach unten. Am Steuerstrich des Kompasses wird ein Kurs von 150° angezeigt. Die Kompaßanzeige eilt voraus, sie täuscht dem Piloten eine schneller geflogene Kurve vor. Das gleiche kann man bei einer Kurve von 180° nach rechts beobachten.

Bei Kurven aus Süd in östliche oder westliche Richtungen und aus Ost oder West in südliche Richtung eilt die Kompaßanzeige voraus, Kurven müssen daher um den Betrag der Falschanzeige später beendet werden.

Die Größe der Falschanzeige beim Kurvenflug hängt u.a. von der Schräglage des Flugzeuges, dem zu fliegenden Kurs, der

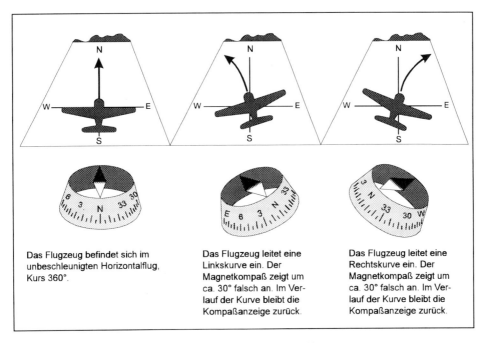

Das Flugzeug befindet sich im unbeschleunigten Horizontalflug, Kurs 360°.

Das Flugzeug leitet eine Linkskurve ein. Der Magnetkompaß zeigt um ca. 30° falsch an. Im Verlauf der Kurve bleibt die Kompaßanzeige zurück.

Das Flugzeug leitet eine Rechtskurve ein. Der Magnetkompaß zeigt um ca. 30° falsch an. Im Verlauf der Kurve bleibt die Kompaßanzeige zurück.

Abb. 62: Kompaß-Drehfehler beim Eindrehen auf nördliche Kurse.

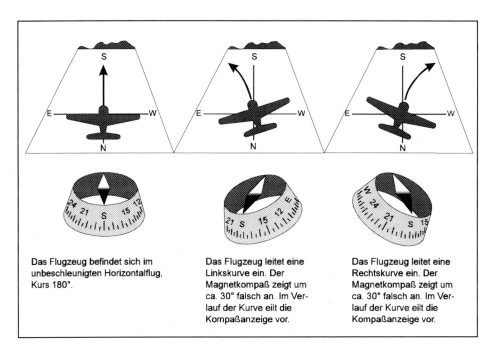

Abb. 63: Kompaß-Drehfehler beim Eindrehen auf südliche Kurse.

geographischen Breite und auch von der Bauart des Kompasses und seiner Dämpfung ab. In unseren Breiten können sich bei Standardkurven (Drehgeschwindigkeit 3°/sec, maximal 25° Schräglage) Falschanzeigen bis zu 30° ergeben.

In der Nord-Süd-Richtung ist der Kompaß-Drehfehler am größten, in der Ost-West-Richtung am kleinsten. In der Fachliteratur findet man häufig das in Abb. 64 dargestellte Schema des Kompaß-Drehfehlers.

Die dort angegebenen Fehler-Beträge geben nur Größenordnungen wieder. Jeder Pilot kann die Größe des Kompaß-Drehfehlers durch Vergleich mit der Anzeige des Kurskreisels selbst ermitteln.

Die folgenden 3 Beispiele beziehen sich auf die Abbildung 64:

1. Beispiel

Ein Flugzeug fliegt eine Rechtskurve von 270° auf 360°. Bei welcher Magnetkompaß-Anzeige muß der Pilot die Kurve beenden?

Da der Drehfehler bei einer Kurve auf 360° etwa 30° beträgt, muß der Pilot die Kurve um 30° früher beenden, d.h. wenn der Magnetkompaß 330° anzeigt.

Fliegt das Flugzeug wieder geradeaus, dreht die Kompaßrose sehr schnell auf 360°, d.h., an der Steuerkursmarke liegt der gewünschte Kurs 360° an.

2. Beispiel

Ein Flugzeug fliegt eine Linkskurve von 290° auf 160°. Bei welcher Magnetkom-

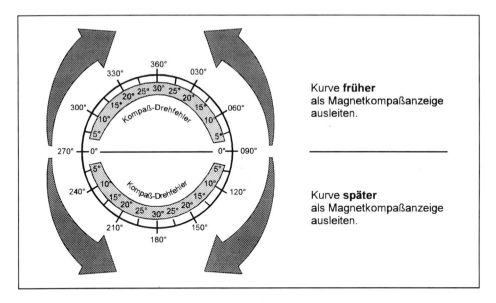

Abb. 64: Kompaß-Drehfehler.

paß-Anzeige muß der Pilot die Kurve beenden?

Gemäß dem Schema in Abb. 64 muß die Kurve um etwa 20° später beendet werden, also bei einer Magnetkompaß-Anzeige von 140°.

3. Beispiel

Sie fliegen eine Linkskurve von 090° auf 270°. Bei welcher Magnetkompaß-Anzeige müssen Sie die Kurve beenden?

In Ost-West-Richtung ist der Kompaß-Drehfehler beinahe Null; die Kurve wird daher bei einer Magnetkompaß-Anzeige von 270° beendet.

Kompaß-Beschleunigungsfehler

Treten während des Geradeausfluges Beschleunigungen oder Verzögerungen (negative Beschleunigung) auf, d.h., vergrößert oder verringert das Flugzeug seine Geschwindigkeit, hat das ebenfalls Auswirkungen auf die Magnetkompaß-Anzeige.

Die Beschleunigung verursacht Kräfte, die am Schwerpunkt des Magnetsystems angreifen und - da der Schwerpunkt unterhalb der Aufhängung liegt - das Magnetsystem kippen. Dadurch kommt es wie beim Kompaß-Drehfehler in den Einfluß der Inklination. Vergrößert das Flugzeug seine Geschwindigkeit, weicht der Schwerpunkt des Magnetsystems nach hinten aus, das System kippt nach vorn. Verringert das Flugzeug seine Geschwindigkeit, so kippt das System nach hinten. Bei Nord- und Süd-Kurs hat das keinen Einfluß auf die Kompaßanzeige, bei Ost- und West-Kurs tritt eine maximale Falschanzeige auf.

Vergrößert ein auf Ostkurs fliegendes Flugzeug seine Geschwindigkeit, so kippt das Magnetsystem nach vorn, die Ma-

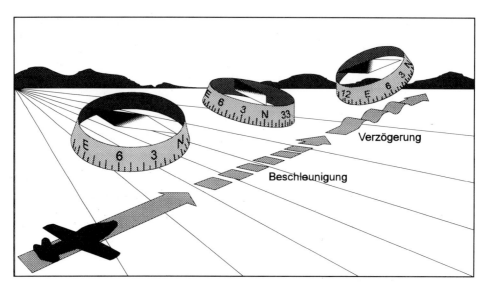

Abb. 65: Kompaß-Beschleunigungsfehler.

gnetnadel kommt in den Einfluß der Inklination, und das Nordende der Nadel kippt nach unten. Der Pilot bekommt dadurch einen zu kleinen Kurs am Steuerstrich des Magnetkompasses angezeigt. Wird die Geschwindigkeit verringert, so kippt das Magnetsystem nach hinten, und der Magnetkompaß zeigt einen zu großen Kurs an. Auf Westkurs liegen die Verhältnisse genau umgekehrt: Bei Beschleunigung wird ein zu großer Kurs, bei Verzögerung ein zu kleiner Kurs am Magnetkompaß angezeigt.

Der Kompaß-Beschleunigungsfehler wird um so größer, je höher die geographische Breite und je größer die Beschleunigung ist.

Zusammenfassung

Aufgrund der Inklination und der Aufhängung des Magnetsystems ergeben sich Kompaß-Drehfehler und -Beschleunigungsfehler.

Kompaß-Drehfehler auf der Nordhalbkugel der Erde:

- Einkurven auf nördliche Kurse - Kompaßanzeige bleibt zurück, deshalb Kurve früher als angezeigt beenden. Einkurven auf südliche Kurse - Kompaßanzeige eilt vor, deshalb Kurve später als angezeigt beenden.
- Bei Kurven in Richtung Nord und Süd ist der Kompaß-Drehfehler am größten, bei Kurven in Richtung Ost und West am geringsten.

Kompaß-Beschleunigungsfehler auf der Nordhalbkugel der Erde

- Bei Beschleunigung des Flugzeuges - Kompaßanzeige zu weit nördlich. Bei Verzögerung des Flugzeuges - Kompaßanzeige zu weit südlich.
- Der Kompaß-Beschleunigungsfehler ist auf Ost- und West-Kurs am größten, auf Nord- und Süd-Kurs am geringsten.

Magnetkompaß und Kurskreisel

Zusätzlich zum Magnetkompaß sind beinahe alle Flugzeuge mit einem Kurskreisel ausgerüstet. Bei diesem wird ebenfalls an einer drehbaren Kompaßrose der aktuelle Steuerkurs angezeigt. Aufgrund der speziellen Konstruktion (Kreisel) ist die Anzeige am Kurskreisel sehr viel ruhiger als am Magnetkompaß. Sie unterliegt nicht den Fehlern im Kurvenflug und bei Beschleunigungen. Im allgemeinen wird daher der Kurs mit dem Kurskreisel und nicht mit dem Magnetkompaß gehalten.

Da der Kurskreisel aber selbst nicht die Nordrichtung feststellen kann, muß er, nachdem das Flugzeug in Betrieb genommen worden ist, mit Hilfe der Magnetkompaß-Anzeige auf Nord ausgerichtet werden. Leider wandert der Kurskreisel im Laufe der Zeit aus der Nordrichtung aus, deshalb muß er auch im Fluge immer wieder nachjustiert werden (etwa alle 15 bis 20 Minuten).

Zum Einstellen befindet sich am Kurskreisel ein Drehknopf, mit dem die Kompaßrose gedreht werden kann. Sie wird grundsätzlich auf den um die Deviation korrigierten Kompaßsteuerkurs, also auf den mißweisenden Steuerkurs mwSK, eingestellt. Wird, z.B. am Magnetkompaß, ein KSK von 269° abgelesen und die Deviation beträgt 4°W, dann wird am Kurskreisel der mwSK 265° eingestellt.

Da der Magnetkompaß im Kurvenflug und bei Beschleunigung falsch anzeigt, darf der Kurskreisel nur im unbeschleunigten Geradeausflug oder im Stand am Boden auf den mwSK eingestellt werden. Es empfiehlt sich, in der Startposition den Kurskreisel genau einzustellen.

Zusammenfassung

Die Einstellung des Kurskreisels nach dem Magnetkompaß erfolgt im unbeschleunigten Geradeausflug und vor dem Start in Startposition. Dabei wird am Kurskreisel der mwSK eingestellt.

Kontroll- und Übungsaufgaben

1. Wohin zeigt die Kompaßnadel (Magnetsystem) des Magnetkompasses im Flugzeug?

2. Wie werden die Isogonen auf der Luftfahrtkarte ICAO 1:500.000 dargestellt?

3. Wie groß ist die Ortsmißweisung OM in Deutschland?

4. Ist die OM in Paris größer oder kleiner als in Frankfurt?

5. Wie groß kann die OM auf der Erde maximal werden?

6. Wo verläuft z.Z. die Agone?

7. Definieren Sie den Begriff „Inklination".

8. Wo beträgt die Inklination 90°?

9. Was versteht man unter dem Begriff „magnetischer Äquator"?

10. Welchen Kurs zeigt der Magnetkompaß im Flugzeug an?

11. Warum ist die Deviation in verschiedenen Richtungen unterschiedlich?

12. Der Pilot legt den Kopfhörer neben den Magnetkompaß im Flugzeug. Was kann passieren?

13. Welche anderen Ausdrücke findet man manchmal für „Ortsmißweisung"?

14. Warum wird ein Magnetkompaß bei jeder Jahresnachprüfung kompensiert?

15. Ein Flugzeug fliegt eine Linkskurve von 270° auf 180°. Bei welcher Anzeige am Magnetkompaß ist die Kurve zu beenden?

16. Ein Flugzeug fliegt eine Rechtskurve von 290° auf 030°. Bei welcher Anzeige am Magnetkompaß ist die Kurve zu beenden?

17. Ein Flugzeug auf Ostkurs geht in den Steigflug über. Wie verändert sich dabei die Magnetkompaßanzeige?

18. Welches sind die Ursachen für den Kompaß-Dreh- und -Beschleunigungsfehler?

19. Warum sollte der Pilot die Fehler des Magnetkompasses kennen?

20. Wie stellt der Pilot den Kurskreisel nach dem Magnetkompaß richtig ein?

Kapitel 7
Kurse

Kursschema

Als Grundlage der navigatorischen Flugplanung entnimmt der Pilot der Luftfahrtkarte den Kurs entlang der eingezeichneten Kurslinie. Im Kapitel 5 hatten wir als Beispiel einen Flug vom Flugplatz Aschaffenburg zum Flugplatz Würzburg-Schenkenturm dargestellt. Der Kartenkurs, d.h. der rechtweisende Kurs (rwK, engl. True Course, TC), wurde mit 102° der Karte als Winkel zwischen rwN und der Kurslinie entnommen. Es wurde ein Wind von 330/15 angenommen, das ergab einen Luvwinkel (L, engl. Wind Correction Angle, WCA) von -6°. Der rechtweisende Steuerkurs (rwSK, engl. True Heading, TH), der Winkel zwischen rwN und der Flugzeuglängsachse, beträgt somit 096°.

Da wir zur Kurshaltung den Magnetkompaß benutzen, muß der Pilot, wie im Kapitel 6 erläutert, den Kurs in bezug auf mwN umrechnen, also um den Betrag der Ortsmißweisung (OM, engl. Variation, VAR) korrigieren. Im Bereich von Aschaffenburg-Würzburg gilt zur Zeit eine OM von etwa 1°W. Der Steuerkurs bezogen auf mwN, also der mißweisende Steuerkurs (mwSK, engl. Magnetic Heading, MH), beträgt somit 097°.

Leider wird der Magnetkompaß durch magnetische Einflüsse im Flugzeug aus der mißweisenden Nordrichtung abgelenkt. Der Betrag der Kompaßablenkung, die Deviation (DEV, engl. Deviation, DEV), ist unmittelbar in der Deviationstabelle am Kompaß ablesbar; in unserem Beispiel ist die Deviation 3°E. Diese 3°E müssen vom mwSK abgezogen werden: Wir erhalten schließlich den Steuerkurs in bezug auf KN, den Kompaßsteuerkurs (KSK, engl. Compass Heading, CH), mit 094°.

Der Pilot muß also am Magnetkompaß einen KSK von 094° halten, um entlang der Kurslinie mit dem rwK 102° zu fliegen.

Kursschema	Beispiel
Rechtweisender Kurs rwK (True Course, TC)	102°
Luvwinkel L (Wind Correction Angle, WCA)	-6°
Rechtweisender Steuerkurs rwSK (True Heading, TH)	096°
Ortsmißweisung OM (Variation, VAR)	1°W
Mißweisender Steuerkurs mwSK (Magnetic Heading, MH)	097°
Deviation DEV (Deviation, DEV)	3°E
Kompaßsteuerkurs KSK (Compass Heading, CH)	094°

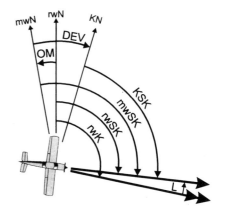

Die Umrechnung vom rechtweisenden Kurs über rechtweisenden und mißweisenden Steuerkurs zum Kompaßsteuerkurs nennt man Kursumwandlung oder Kursschema. Bei solchen Kursumwandlungen muß immer die hier dargestellte Reihenfolge eingehalten werden. In der Praxis wird der Pilot die Kurse bis zum mwSK vor dem Flug ausrechnen und aufschreiben; der KSK ergibt sich dann mit Hilfe der am Magnetkompaß angebrachten Deviationstabelle. Wichtig ist, daß bei der Umrechnung von rwSK zum mwSK eine westliche OM addiert und eine östliche OM subtrahiert wird. Entsprechendes gilt für die DEV: Bei der Umrechnung vom mwSK auf den KSK wird eine westliche DEV addiert und eine östliche DEV subtrahiert. Hierzu 2 Beispiele:

1. Beispiel

Gegeben
⇒ rwK 245°, L +8°, OM 12°W, DEV 4°W

Gesucht
⇒ KSK

Lösung

rwK	245°
+ L	8°
= rwSK	253°
+ OM	12°W
= mwSK	265°
+ DEV	4°W
= KSK	**269°**

2. Beispiel

Gegeben
⇒ rwK 130°, L -10°, OM 6°E, DEV 5°E

Gesucht
⇒ KSK

Lösung

rwK	130°
- L	10°
= rwSK	120°
- OM	6°E
= mwSK	114°
- DEV	5°E
= KSK	**109°**

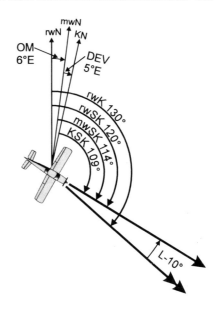

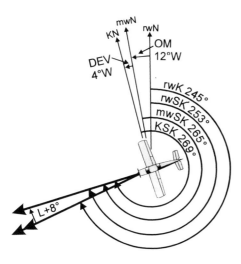

Hält der Pilot den berechneten KSK genau ein, und weht der Wind genau so wie vorhergesagt, dann wird das Flugzeug exakt entlang der Kartenkurslinie fliegen; geplanter Kurs (Kartenkurs) und der wirklich aktuell geflogene Kurs über Grund stimmen überein. Da die tatsächlichen Windverhältnisse aber meist etwas von den angenommenen abweichen, wird sich das Flugzeug auf einer Linie bewegen, die sich mehr oder weniger von dem geplanten Flugweg unterscheidet.

Man kann also zwischen dem geplanten Kurs, dem rechtweisenden Kurs (rwK, engl. True Course, TC) und dem aktuell geflogenen Kurs, dem rechtweisenden Kurs über Grund (rwK, engl. True Track, TT) unterscheiden. Das navigatorische Ziel ist es natürlich, daß rechtweisender Kurs und rechtweisender Kurs über Grund identisch sind.

Nach DIN 13312 ist die Abkürzung für den rechtweisenden Kurs über Grund rwKüG. Diese Abkürzung hat sich allerdings bislang nicht durchgesetzt, so daß für rechtweisenden Kurs und rechtweisenden Kurs über Grund meist dieselbe Abkürzung rwK verwendet wird. Im Englischen allerdings findet man den Unterschied durch Course und Track.

Da als Basisinstrument für die Flugnavigation der Magnetkompaß benutzt wird und dieser in bezug auf mißweisend Nord anzeigt (bei störungsfreier Lagerung), werden Kurse auf Luftfahrtkarten grundsätzlich immer als mißweisende Kurse über Grund angegeben. Der mißweisende Kurs über Grund (mwK, engl. Magnetic Track, MT) ist der Winkel zwischen mwN und der tatsächlichen Richtung des Flugweges über Grund.

Auch die Richtungen der Start- und Landebahnen werden in bezug auf mißweisend Nord angegeben. Start- und Landebahn 27 bedeutet, daß die Bahn in Richtung mwK 270° verläuft. Die im Fluge einzuhaltenden Halbkreisflughöhen beziehen sich ebenfalls auf mißweisende Kurse über Grund, mwK (MT).

Wird der Flugweg über Grund auf Kompaß-Nord (KN) bezogen, so nennt man den Kurs den Kompaßkurs (KK, engl. Compass Course, CC). Er hat navigatorisch wenig Bedeutung.

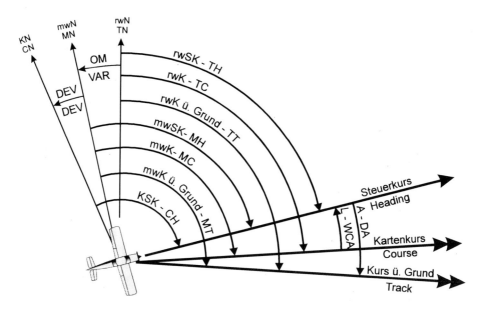

Zusammenfassung

Kursbezeichnungen (siehe Abb. links unten)

- **Rechtweisender Kurs, rwK**
  True Course, TC - Winkel zwischen rechtweisend Nord (rwN) und der Richtung des geplanten Flugweges über Grund (Kartenkurs).

- **Rechtweisender Kurs über Grund, rwK***
  True Track, TT - Winkel zwischen rechtweisend Nord (rwN) und der Richtung des tatsächlichen Flugweges über Grund.

- **Rechtweisender Steuerkurs, rwSK**
  True Heading, TH - Winkel zwischen rechtweisend Nord (rwN) und der Vorausrichtung der Flugzeuglängsachse.

- **Mißweisender Kurs, mwK**
  Magnetic Course, MC - Winkel zwischen mißweisend Nord (mwN) und der Richtung des geplanten Flugweges über Grund.

- **Mißweisender Kurs über Grund, mwK****
  Magnetic Track, MT - Winkel zwischen mißweisend Nord (mwN) und der Richtung des tatsächlichen Flugweges über Grund.

- **Mißweisender Steuerkurs, mwSK**
  Magnetic Heading, MH - Winkel zwischen mißweisend Nord (mwN) und der Vorausrichtung der Flugzeuglängsachse.

- **Kompaßkurs, KK**
  Compass Course, CC - Winkel zwischen Kompaß-Nord (KN) und der Richtung des Flugweges über Grund.

- **Kompaßsteuerkurs, KSK**
  Compass Heading, CH - Winkel zwischen Kompaß-Nord (KN) und der Vorausrichtung der Flugzeuglängsachse.

* nach DIN 13312 rwKüG
** nach DIN 13312 mwKüG

Kursverbesserung (1:60 Regel)

Aufgrund ungenauer Windangaben oder aufgrund von Windänderungen während des Fluges kann es vorkommen, daß das Flugzeug von der Kurslinie um einige NM versetzt wird. Es muß daher während des Fluges eine Kursverbesserung vorgenommen werden, um den Zielort wie gewünscht zu erreichen. Man kann sich den aktuellen Wind errechnen und von der neuen Position aus einen neuen Steuerkurs zum Zielort bestimmen oder aber die einfache 1:60 Regel anwenden.

Die 1:60 Regel beruht auf der Tatsache, daß ein Flugzeug bei einem Kursfehler von 1° nach 60 NM Flugstrecke eine Ablage von 1 NM hat. Anders ausgedrückt: Wenn sich ein Flugzeug nach 60 NM Flugstrecke 1 NM neben der beabsichtigten Kurslinie befindet, dann beträgt der Kursfehler 1°, bei 5 NM seitlicher Versetzung nach 60 NM Flugstrecke ist der Kursfehler 5° groß.

Mit der 1:60 Regel läßt sich der Winkel bestimmen, um den der Steuerkurs geändert werden muß, damit man von der versetzten Position aus zum Zielort gelangt. Anhand eines Beispiels soll die Anwendung der 1:60 Regel dargestellt werden:

Auf dem Flug von Aschaffenburg nach Würzburg stellt der Pilot fest, daß er den Segelflugplatz Altfeld (rechts von der Kurslinie) überfliegt, obwohl er den berechneten mwSK 097° eingehalten hat. Offensichtlich ist der Wind stärker als angenommen. Die seitliche Versetzung von der Kurslinie beträgt 2 NM, die bisher geflogene Entfernung 20 NM (siehe Abb. 67). Die Faustformel für die Berechnungen der Kursverbesserung auf Parallelkurs zur Kartenkurslinie lautet:

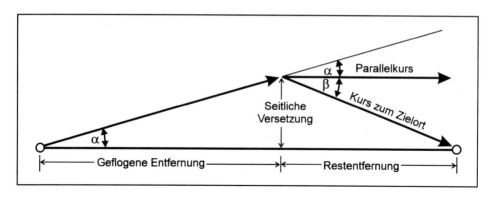

Abb. 66: 1:60 Regel.

Kursverbesserungswinkel auf Parallelkurs

$$= \frac{60 \times \text{seitliche Versetzung (NM)}}{\text{geflogene Entfernung (NM)}}$$

$$= 60 \times 2 : 20 = 6°$$

Um ab Altfeld auf Parallelkurs zur Kurslinie weiterzufliegen, muß der bisherige Steuerkurs um 6° nach links korrigiert werden, also ein mwSK von 091° gesteuert werden. Diese Methode, auf Parallelkurs zur Kurslinie weiterzufliegen, kann nur bei geringer seitlicher Versetzung und guter Flugsicht angewendet werden, da sonst die Gefahr besteht, am Zielflugplatz vorbeizufliegen.

Will man von der versetzten Position aus unmittelbar in Richtung zum Zielflugplatz fliegen, so muß noch ein zusätzlicher Kursverbesserungswinkel nach folgender Faustformel berechnet werden:

Zusätzlicher Kursverbesserungswinkel zum Zielort

$$= \frac{60 \times \text{seitliche Versetzung (NM)}}{\text{Restentfernung (NM)}}$$

$$= 60 \times 2 : 13 = 9°$$

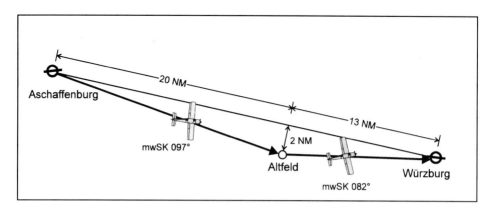

Abb. 67: Anwendung der 1:60 Regel.

Der ursprüngliche mwSK 097° muß also insgesamt um 6° + 9° = 15° korrigiert werden, der neue Steuerkurs in Richtung Zielort beträgt somit mwSK 082°.

Die 1:60 Regel ist zwar nur eine Faustformel, sie ist aber für die praktische VFR-Navigation eine ausreichend genaue und schnelle Methode, um bei einer Windversetzung die Kursverbesserung zu berechnen.

Zusammenfassung

1:60 Regel

- Kursverbesserungswinkel auf Parallelkurs
  = 60 x seitliche Versetzung (NM) : geflogene Entfernung (NM)

- Zusätzlicher Kursverbesserungswinkel zum Zielort
  = 60 x seitliche Versetzung (NM) : Restentfernung (NM)

Kontroll- und Übungsaufgaben

1. Gegeben: rwK 028°, L +10°, OM 2°W, DEV 5°E
Gesucht: KSK.

2. Gegeben: rwK 280°, L -10°, OM 10°E, DEV 4°W
Gesucht: KSK.

3. Stellen Sie die Aufgabe 2 zeichnerisch dar.

4. Der KSK beträgt 295°. Wie groß ist der mwSK unter Verwendung der oberen Deviationstabelle in Abb. 61, Seite 108 ?

5. Was versteht man unter dem „mißweisenden Kurs, mwK (MC)"?

6. Erklären Sie den Unterschied zwischen Course, Heading und Track.

7. Gegeben: OM 4°E, DEV 4°W, KK 124°.
Gesucht: rwK und mwK.

8. Gegeben: OM 3°E, mwSK 188°, KSK 190°
Gesucht: rwSK und DEV.

9. Gegeben: TC 260°, VAR 3°W, DEV -2°, CH 275°
Gesucht: WCA.

10. Benennen Sie in der nebenstehenden Zeichnung die Kurse und Winkel.

11. Sie steuern einen rwSK von 290°, der Luvwinkel beträgt L +10°. Aufgrund der Wetterlage müssen Sie umkehren. Wie ist der Umkehrkurs?

12. Auf einem Flug von A nach B, Entfernung 140 NM, befindet sich das Flugzeug nach 60 NM 4 NM links der Kartenkurslinie. Wie groß ist die Kursverbesserung nach B?

13. Ein Flugzeug fliegt mit mwSK 180° von Flugplatz A zu Flugplatz B. Nach 40 NM befindet sich das Flugzeug 3 NM rechts der Kartenkurslinie. Die noch zu fliegende Strecke beträgt 80 NM. Auf welchen mwSK muß korrigiert werden, um unmittelbar nach Flugplatz B zu fliegen?

14. Auf welche Kurse beziehen sich die Halbkreisflughöhen?

15. Ein Flugzeug fliegt 500 NM mit einem konstanten Steuerkurs. Die Ortsmißweisung ist Null und es herrscht Windstille. Der Pilot hat versäumt, eine Deviation von 2°W in der Kursberechnung zu berücksichtigen. Wie groß ist die seitliche Ablage und auf welcher Seite der Kartenkurslinie befindet sich das Flugzeug am Ende des Fluges?

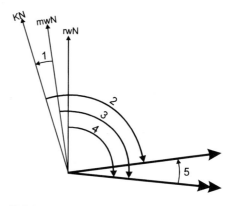

(Zeichnung zu Frage 10)

Kapitel 8
Flughöhe

Mindesthöhe

Wir sind auf dem Weg von Aschaffenburg nach Würzburg und fliegen in 4.500 ft MSL. Die Sicht wird schlechter und die Wolken kommen immer tiefer. Wir müssen sinken, denn wir fliegen nach Sicht und dürfen nicht in Wolken einfliegen. Wir sind schon in 3.000 ft; wie tief können wir eigentlich noch sinken ohne Gefahr zu laufen, gegen einen Berg oder ein Hindernis zu fliegen?

Die Flugnavigation behandelt nicht nur die Frage „Wie komme ich von A nach B?" sondern auch „Wie *sicher* komme ich von A nach B?", also die Frage nach der Flughöhe.

Der Pilot sollte sich *vor* dem Flug klar darüber werden, wie hoch er auf der geplanten Flugstrecke mindestens fliegen muß bzw. wie tief er im Falle einer Wetterverschlechterung oder in einem Notfall sinken darf. Die Luftverkehrs-Ordnung (LuftVO) schreibt für VFR-Flüge verschiedene Sicherheitsmindesthöhen vor. Das äußerste Minimum gemäß LuftVO liegt bei 500 ft über Grund außerhalb von dichtbesiedeltem Gebiet. Zusätzlich gilt die Vorschrift, zu Hindernissen, z.B. zu einem Sendemast, einen Abstand von 500 ft einzuhalten. Die Mindesthöhe beträgt also 500 ft über Grund (oder Wasser) und Hindernissen. Tiefer darf man aus Sicherheitsgründen nicht fliegen, außer bei Landung und Start.

Diese Mindesthöhe rechnen wir uns vor dem Flug aus und legen sie für jeden Streckenabschnitt in ft MSL (Mean Sea Level, Mittlerer Meeresspiegel) fest. Wir suchen also entlang der Flugstrecke die höchste Erhebung bzw. das höchste Hindernis, addieren zur Höhe 500 ft und erhalten die Mindesthöhe für die Strecke. Unsere Navigation ist nicht so genau, daß wir immer exakt entlang der Kurslinie fliegen, wir weichen mehr oder weniger von der Kurslinie ab. Für die Bestimmung der Mindesthöhe sollten daher auch Erhebungen und Hindernisse links und rechts der Flugstrecke mit einbezogen werden.

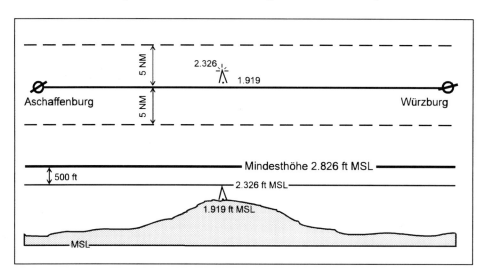

Abb. 68: Festlegung der Mindesthöhe.

Es empfiehlt sich, einen Bereich von jeweils 5 NM links und rechts der Strecke zu betrachten.

In unserem Flugbeispiel Aschaffenburg-Würzburg ist die höchste Erhebung im Bereich der Strecke der Geiersberg mit 1.919 ft MSL, das höchste Hindernis ein Turm auf dem Geiersberg mit 2.326 ft MSL. Als Mindesthöhe für die Strecke ergibt sich somit die Höhe 2.826 ft MSL (2.326 + 500). Der Turm auf dem Geiersberg bestimmt die Mindesthöhe für die gesamte Strecke, obwohl nach Passieren des Geiersberges eigentlich viel tiefer geflogen werden könnte. Es ist daher ratsam, die Strecke ggf. in mehrere Teilabschnitte einzuteilen und für jeden Teilabschnitt einzeln die Mindesthöhe zu bestimmen.

Zusammenfassung

Die Mindesthöhe auf der Flugstrecke beträgt 500 ft über der höchsten Erhebung bzw. dem höchsten Hindernis im Bereich von +/- 5 NM entlang der Flugstrecke.

Reiseflughöhe

Die Mindesthöhe von 500 ft berücksichtigt nur Bodenerhebungen und Hindernisse, jedoch keine Luftraumstruktur. Nur wenn es unbedingt erforderlich ist, wird man in dieser Höhe fliegen dürfen. Die Reiseflughöhe liegt sehr viel höher; bei ihrer Festlegung müssen die Sicherheitsmindesthöhe für Überlandflüge, Luftraumstruktur und natürlich auch die Wettersituation berücksichtigt werden.

Führt der Flug über eine Kontrollzone, muß oberhalb der Höhe der Kontrollzone geflogen werden - es sei denn, man erhält eine Durchflugfreigabe vom Kontrollturm.

Grundsätzlich sollte oberhalb des militärischen Tagtiefluges geflogen werden. Zur Vermeidung von Fluglärm muß auf jeden Fall eine möglichst große Flughöhe gewählt werden.

Oberhalb 5.000 ft MSL bzw. oberhalb 2.000 ft GND (maßgebend ist der höhere Wert), muß sich der Pilot bei der Wahl der Reiseflughöhe nach den Halbkreisflughöhen für VFR-Flüge richten. Die Regelung der Halbkreisflughöhen legt fest, daß bei VFR-Flügen in Richtung von 000° bis 179° (mißweisender Kurs über Grund, mwK/MT) die Flugflächen 55, 75, 95 usw., in Richtung von 180° bis 359° die Flugflächen 65, 85 usw. einzuhalten sind. Durch diese Festlegung wird eine Art Staffelung zwischen sich begegnenden Luftfahrzeugen erreicht. In den Lufträumen der Klassen B und C sind abweichend von dieser Regelung die von der zuständigen Flugverkehrskontrollstelle zugewiesenen Flughöhen einzuhalten.

Zusammenfassung

Bei der Festlegung der Reiseflughöhe müssen Sicherheitsmindesthöhe, Wetterverhältnisse, Luftraumstruktur, militärischer Tiefflug, Fluglärm und die Halbkreisflughöhen berücksichtigt werden.

Kontroll- und Übungsaufgaben

1. Wie hoch sollten Sie zur Vermeidung von Fluglärm mindestens fliegen?

2. Sie fliegen einen mwSK von 181°, L +4°, OM 1°W. Welche Halbkreisflughöhen könnten Sie wählen?

Flug vom Flugplatz Langenlonsheim zum Flugplatz Traben-Trarbach (siehe Kartenausschnitt unten):

3. Bestimmen Sie die Mindesthöhe für die Strecke.

4. Wie groß muß die Reiseflughöhe aufgrund der Luftraumstruktur mindestens sein?

5. Welche größte Reiseflughöhe könnte man nach der Halbkreisflughöhenregel wählen?

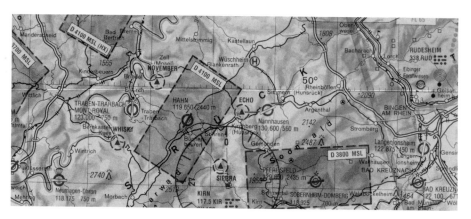

Kapitel 9
Navigationsrechner

Allgemeine Beschreibung

In der Flugnavigation müssen bei der Flugplanung und auch während des Fluges verschiedenste Berechnungen (z.B. Berechnung der Flugzeit aus der Entfernung und Geschwindigkeit), Umrechnungen (z.B. NM in ML oder km) und Winddreiecksaufgaben vom Piloten durchgeführt werden. Hierfür wurde ein spezieller kreisförmiger Rechenschieber, eine Rechenscheibe, entwickelt, mit deren Hilfe die meisten in der Navigation vorkommenden Aufgaben schnell und genau gelöst werden können.

Diese Navigationsrechenscheibe wird zunehmend durch Taschenrechner mit Navigationsprogramm bzw. durch spezielle Navigationstaschenrechner ersetzt werden. Zur Zeit ist allerdings die Navigationsrechenscheibe für die PPL-Ausbildung und Prüfung noch vorgeschrieben.

In der Luftfahrt gibt es verschiedene Modelle von Navigationsrechnern. Sehr weit verbreitet ist das Modell Aristo-Aviat 617; andere Modelle unterscheiden sich meist nur wenig von diesem Aviat. Nachfolgend wird - stellvertretend für alle Navigationsrechner - der Aviat 617 beschrieben.

Die Vorderseite des Rechners hat einen festen Außenring und eine drehbare Innenscheibe. Außenring und Innenscheibe sind jeweils mit einer logarithmisch eingeteilten gegenüberliegenden Skala versehen. Durch Verschieben der Skalen gegeneinander lassen sich vielfältige Umrechnungen durchführen; hierbei helfen die farbigen Umrechnungsmarken am Außenring. Im Mittelfeld der drehbaren Scheibe sind u.a. Fensterausschnitte mit Skalen für die Berechnung von Höhen und Geschwindigkeiten angebracht.

Der transparente Drehzeiger mit rotem Ablesestrich hilft bei der genauen Einstellung und erleichtert das Ablesen der Zahlenwerte.

Bei der Beschriftung des Aviaten sind die in der Luftfahrt üblichen englischen Fachausdrücke bzw. deren Abkürzungen verwendet worden.

Rechnungen auf der Vorderseite des Navigationsrechners werden durch Verschieben der beiden gegenüberliegenden Skalen auf dem Außenring und der Innenscheibe durchgeführt. Es werden also Längen gegeneinander verschoben und damit Längen addiert oder subtrahiert. Alle Umrechnungen wie z.B. Umrechnung von m in NM oder Liter in US Gallonen sind Multiplikationen oder Divisionen.

Da der Navigationsrechner aber nur Längen, also Zahlenwerte verschiebt und damit addiert oder subtrahiert, haben die Erfinder des Aviaten einen „Trick" angewandt. Sie haben die Skalen logarithmisch eingeteilt. Nach dem Prinzip der logarithmischen Rechnung wird eine Multiplikation in eine Addition und eine Division in eine Subtraktion umgewandelt. Durch die logarithmische Skaleneinteilung sind folglich Multiplikation und Division mit dem Rechner möglich.

Die logarithmische Skaleneinteilung auf dem Außenring und der Innenscheibe sieht ein wenig anders aus als die uns gebräuchliche Skaleneinteilung, z.B. auf einem Zentimetermaßband. Den Skalenanfang bildet nicht die 0, sondern die 10, auf dem Rechner als 10 dargestellt. Die Abstände von Zahl zu Zahl sind nicht gleichmäßig, sondern sie werden mit zunehmendem Wert immer kleiner. Folgende Abstände bzw. Unterteilungen zwischen den Zahlen sind zu beachten:

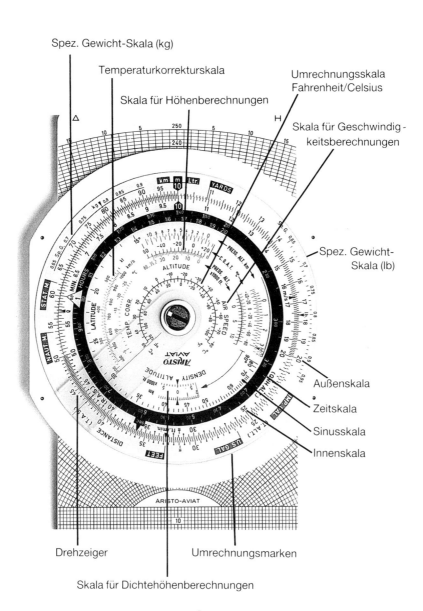

Abb. 69: Aviat 617, Vorderseite.

- **Von 10 - 20**
  Unterteilung in Ganze und Zehntel

- **Von 20 - 50**
  Unterteilung in Ganze und Fünftel

- **Von 50 - 10**
  Unterteilung in Ganze und Halbe.

Wie bei jedem Rechenschieber, so sind auch hier die Bezifferungen der Skalen vieldeutig in bezug auf die Stellung des Kommas und die Anzahl der Nullen. Z.B. kann die Zahl 20 sowohl für 0,2 als auch für 2, 20, 200 usw. stehen. Als Ergebnis einer Rechnung erhält man also nicht den Zahlenwert, sondern nur die Zahlenfolge. Die Anzahl der Nullen oder die Stellung des Kommas muß überschlägig durch Kopfrechnen geprüft werden.

Die großen Zahlen 10, 20, 30, 40 usw. ergeben die erste Stelle der abzulesenden Zahlenfolge. Die durch ihre Länge hervorgehobenen Teilstriche zwischen diesen großen Zahlen geben die zweite Stelle der Zahlenfolge an. Die dritte Stelle liefern die kleinsten Teilstriche, oder sie wird durch Interpolation (Schätzen) gefunden.

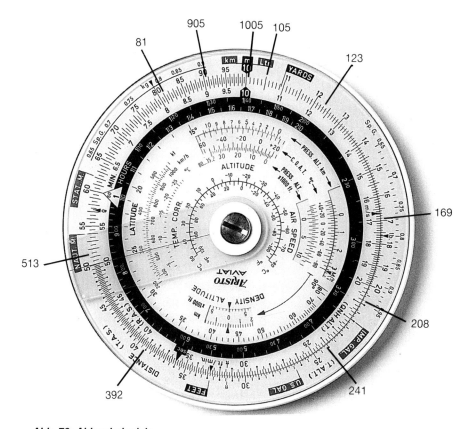

Abb. 70: Ablesebeispiele.

Das hört sich sehr kompliziert an, im Grunde genommen erfolgt die Ablesung wie bei einem Zentimetermaß. Zu beachten sind nur die verschiedenen Abstände zwischen den Zahlen. Die Ablesebeispiele in Abb. 70 zeigen, wie einfach es geht.

Die Rückseite des Aviaten dient ausschließlich der Windberechnung, also der Darstellung des Winddreiecks. Der drehbare Innenring mit der Kursrose wird zur Einstellung des rechtweisenden Kurses unter der TRUE INDEX-Marke des festen Außenringes verwendet. Mit dem transparenten Drehzeiger wird der Windvektor des Winddreiecks nachgebildet, und der zwischen den Scheiben gleitende Diagrammschieber stellt die Geschwindigkeit und den Vorhaltewinkel bzw. Abtriftwinkel dar.

In den folgenden Abschnitten werden nur die Aviat-Berechnungen beschrieben und teilweise abgebildet, die für die Flugnavigation von Bedeutung sind.

Berechnungen der wahren Geschwindigkeit (TAS) oder der wahren Höhe (T.ALT) u.a. gehören zum Fach „Technik". In der Gebrauchsanleitung zum Aviaten sind alle Einstellmöglichkeiten ausführlich erklärt.

- In den Abbildungen zeigen die **E**-Kreise auf die **E**instellposition zur Lösung der jeweiligen Rechenaufgabe.

- Die **A**-Kreise kennzeichnen die **A**bleseposition des zugehörigen Ergebnisses.

Multiplikation und Division

1. Beispiel Multiplikation und Division

Berechne: 2 x 4 = 8

Drehe die Marke „10" der Innenskala unter den Skalenwert 20 (= 2) der Außenskala. Dann steht über dem Skalenwert 40 (= 4) der Innenskala das Ergebnis 80 (= 8) auf der Außenskala.

2. Beispiel Multiplikation und Division

Berechne: 52 x 1,75 = 91

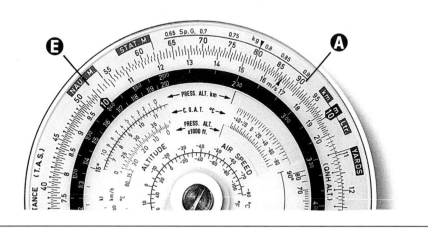

3. Beispiel Multiplikation und Division

Berechne: 360 : 2,4 = 150

Drehe den Skalenwert 24 (= 2,4) auf der Innenskala unter den Skalenwert 36 (= 360) auf der Außenskala. Dann steht über der Marke „10" der Innenskala das Ergebnis 15 (= 150) auf der Außenskala.

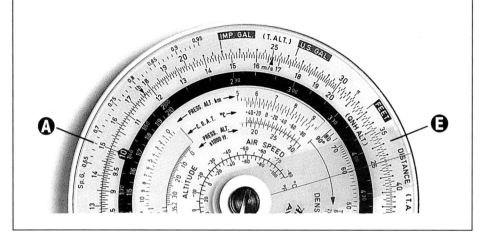

4. Beispiel Multiplikation und Division

Berechne: 0,87 : 0,0014 = 621

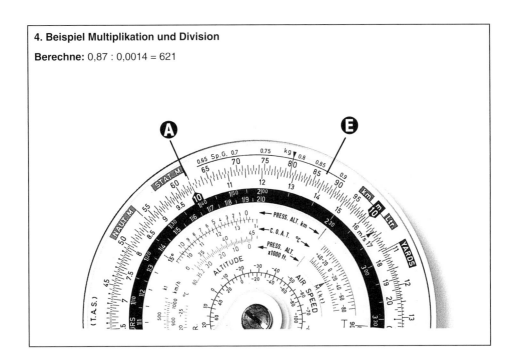

6. Festlegung der Maßeinheiten

(4. DVO zur LuftVO – NfL I - 3/70, zuletzt geändert durch I - 186/83)

Für Zwecke der Navigation:	Seemeilen und Zehntel*
Für kurze Entfernungsangaben, insbes. für Entfernungsangaben auf Flugplätzen:	Meter
Höhen über NN, geographische Höhen und Höhen über Grund:	Fuß*
Horizontale Geschwindigkeit einschl. Windgeschwindigkeit, Fluggeschwindigkeit, Geschwindigkeit über Grund:	Knoten*
Vertikale Geschwindigkeit:	Fuß je Minute*
Windrichtung für Landung und Start:	Grad mißweisend
Windrichtung außer für Start und Landung:	Grad rechtweisend
Sicht einschl. Landebahnsicht:	Kilometer oder Meter
Höhenmessereinstellung:	Hektopascal
Luftdruck:	Hektopascal
Temperatur:	Grad Celsius
Gewicht:	Kilogramm

Auf Verlangen der Luftfahrzeugführer kann für Luftdruckangaben zur Einstellung barometrischer Höhenmesser auch die Maßeinheit Zoll verwendet werden.

* Diese Maßeinheiten sind von der ICAO für eine unbestimmte Übergangszeit als Alternativ-Maßeinheiten zugelassen. Sie werden daher in Abweichung von den ab 26 NOV 1981 gültigen ICAO-Richtlinien über Maßeinheiten vorläufig weiterbenutzt.

Abb. 71: Maßeinheiten (aus Luftfahrthandbuch).

Umrechnung von Entfernungen, Geschwindigkeiten, Flüssigkeitsmengen und Gewichten

Obwohl die in der Luftfahrt zu verwendenden Maßeinheiten von der ICAO festgelegt sind, werden daneben immer noch andere, meist angelsächsische Maßeinheiten gebraucht. So findet man viele Flugzeuge aus den USA, deren Fahrtmesser nicht in kt, sondern in MPH geeicht sind. Segelflugzeuge verwenden Variometer mit der Einheit m/s anstelle der sonst üblichen ft/min. Und in den USA wird man Kraftstoff nicht nur in Liter, sondern auch in US Gallonen abmessen.

Mit dem Navigationsrechner lassen sich die verschiedenen Maße sehr einfach von der einen Einheit in die andere umrechnen. Da, wie schon erwähnt, der Rechner als Ergebnis einer Rechnung nur die Zahlenfolge, nicht aber die exakte Größe liefert, muß man die verschiedenen Maße mit ihren Größen ungefähr kennen; hierbei hilft die folgende Zusammenstellung.

Maßeinheiten und deren Umrechnungen

Entfernungen

- **NM** Seemeile (Nautical Mile)
- **ML** Engl. Landmeile (Statute Mile)
- **km** Kilometer (Kilometer)
- **m** Meter (Meter)
- **ft** Fuß (Feet)
- **yd** Yard

1 NM	= 1,852 km = 1,15 ML = 6.076 ft
1 ML	= 1,609 km = 0,87 NM = 5.280 ft
1 km	= 0,540 NM = 0,62 ML = 3.280 ft
1 m	= 3,28 ft = 1,09 yd
1 ft	= 0,30 m = 0,33 yd
1 yd	= 0,91 m = 3 ft

Geschwindigkeiten

- **kt** Knoten (Knots)
- **MPH** Meilen pro Stunde (Miles Per Hour)
- **km/h** Kilometer pro Stunde (Kilometer Per Hour)
- **ft/min** Fuß pro Minute (Feet Per Minute)
- **m/s** Meter pro Sekunde (Meter Per Second)

1 kt	= 1.852 km/h = 1,15 MPH
1 MPH	= 1,609 km/h = 0,87 kt
1 km/h	= 0,540 kt = 0,62 MPH
1 m/s	= 3,6 km/h
1 m/s	= 197 ft/min

Flüssigkeitsmaße

- **l** Liter (Liter)
- **USGAL** Amerik. Gallone (US Gallon)
- **IMPGAL** Engl. Gallone (Imperial Gallon)

1 l	= 0,26 USGAL = 0,22 IMP GAL
1 USGAL	= 0,83 IMPGAL = 3,79 l
1 IMPGAL	= 1,20 USGAL = 4,55 l

Gewichte (Masse)

- **kg** Kilogramm (Kilogram)
- **lb** Engl. Pfund (Pound)

1 kg	= 2,2 lb
1 lb	= 0,45 kg

Farbige Umrechnungsmarken an der Außenskala erleichtern die Umrechnungen. Die schwarzen Marken (m, ft, yd) dienen der Umrechnung von kurzen Entfernungen, die roten Marken (km, NM, ML) der Umrechnung großer Entfernungen und die blauen Marken (Ltr., IMP.GAL, US.GAL) der Umrechnung von Flüssigkeitsmaßen. Zu beachten ist, daß die Marke „10" für m, km und Ltr. gilt. Bei allen Umrechnungen wird der umzurechnende Wert auf der drehbaren Innenskala unter die Umrechnungsmarke der gegebenen Einheit auf der Außenskala gestellt. Das Ergebnis steht dann auf der Innenskala unter der Umrechnungsmarke für die gesuchte Einheit. Die farbigen Umrechnungsmarken haben einen kleinen Strich; unter diesem Strich wird der gegebene Wert eingestellt bzw. der gesuchte Wert abgelesen.

Umrechnung von Entfernungen

Mit dem Aviaten lassen sich die Entfernungsmaße NM, ML, km, m, ft, yd untereinander umrechnen.

1. Beispiel Umrechnung von Entfernungen

Gegeben: 75 m
Gesucht: Wert in ft und yd

Drehe den Skalenwert 75 im Innenring unter die Marke „10" der Außenskala und lies das Ergebnis unter den Marken „FEET" (246) und „YARDS" (82) ab.

Ergebnis: 246 ft und 82 yd

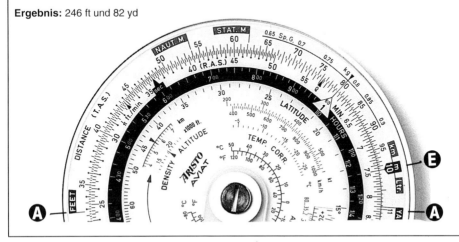

2. Beispiel Umrechnung von Entfernungen

Gegeben: 5 km
Gesucht: Wert in NM und ML

Drehe den Skalenwert 50 im Innenring unter die Marke „km" des Außenrings und lies das Ergebnis unter den Marken „NAUT.M." (27) und „STAT.M." (31) ab.

Ergebnis: 2,7 NM und 3,1 ML

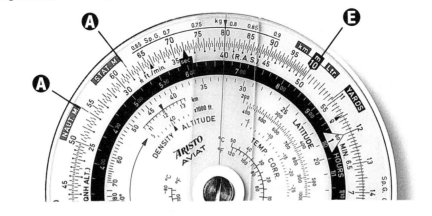

3. Beispiel Umrechnung von Entfernungen

Gegeben: 20.000 ft
Gesucht: Wert in NM und km

Drehe den Skalenwert 20 im Innenring unter die Marke „FEET" des Außenrings und lies das Ergebnis unter den Marken „NAUT.M." (33) und „km" (61) ab.

Ergebnis: 3,3 NM und 6,1 km

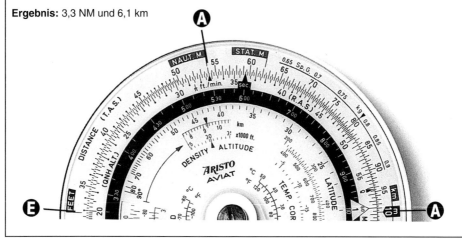

Umrechnung von Geschwindigkeiten

Fluggeschwindigkeiten werden in der Luftfahrt in Knoten (engl. Knots, kt) angegeben. Knoten sind Seemeilen pro Stunde, kt = NM/h. Im englisch/amerikanischen Sprachraum ist als Geschwindigkeitseinheit Miles Per Hour, MPH = ML/h, üblich. Auch in der Luftfahrt findet diese Geschwindigkeitseinheit noch häufig Anwendung.

Da kt, MPH und km/h Geschwindigkeiten sind, die sich alle auf eine Stunde beziehen, werden diese Geschwindigkeiten wie die entsprechenden Entfernungen umgerechnet.

Faustformeln für die Umrechnung von Entfernungen und Geschwindigkeiten

NM, kt x 2 - 10%	= km, km/h
ML, MPH x 2 - 20%	= km, km/h
km, km/h : 2 + 10%	= NM, kt
km, km/h : 2 + 20%	= ML, MPH
m x 3 + 10%	= ft

Beispiele

NM in km
180 x 2 - 10%   = 360 - 36 = 324 km

kt in km/h
110 x 2 - 10%   = 220 - 22 = 198 km/h

km/h in MPH
220 : 2 + 20% : 110 + 22   = 132 MPH

m in ft
3.000 x 3 + 10% : 9.000 + 900   = 9.900 ft

1. Beispiel Umrechnung von Geschwindigkeiten

Gegeben: 90 kt
Gesucht: Wert in km/h und MPH

Drehe den Skalenwert 9 im Innenring unter die Marke „NAUT.M." des Außenrings und lies das Ergebnis unter den Marken „km" (167) und „STAT.M." (104) ab.

Ergebnis: 167 km/h und 104 MPH

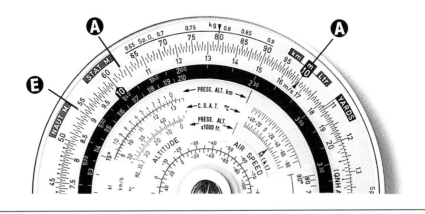

2. Beispiel Umrechnung von Geschwindigkeiten

Gegeben: 185 km/h
Gesucht: Wert in kt und MPH

Drehe den Skalenwert 185 im Innenring unter die Marke „km" des Außenrings und lies das Ergebnis unter den Marken „NAUT.M." (10) und „STAT.M." (115) ab.

Ergebnis: 100 kt und 115 MPH

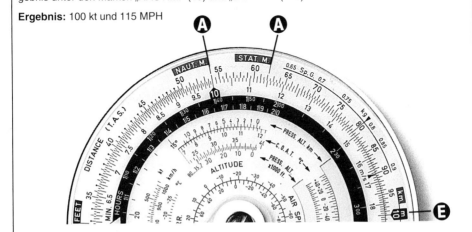

Umrechnung von Flüssigkeitsmengen

Neben der üblichen Angabe von Flüssigkeitsmengen in Liter (l) sind im britischen Commonwealth auch Imperial Gallon, IMP-GAL, und in den USA USGAL in der Luftfahrt in Gebrauch. Mit dem Aviaten sind diese Flüssigkeitseinheiten leicht umzurechnen.

Umrechnung von Gewichten (Massen)

Mit dem Aviaten lassen sich Kilogramm/kg in englische Pfund/lb umwandeln. Die Umrechnungsmarke für „kg" ist am Außenring bei dem Skalenwert 80 und die Umrechnungsmarke „lb" bei dem Skalenwert 176 zu finden.

1. Beispiel Umrechnung von Flüssigkeitsmengen

Gegeben: 170 l
Gesucht: Wert in IMPGAL und USGAL

Drehe den Skalenwert 17 im Innenring unter die Marke „Ltr." des Außenrings und lies das Ergebnis unter den Marken „IMP.GAL." (374) und „US.GAL." (45) ab.

Ergebnis: 37,4 IMPGAL und 45 USGAL

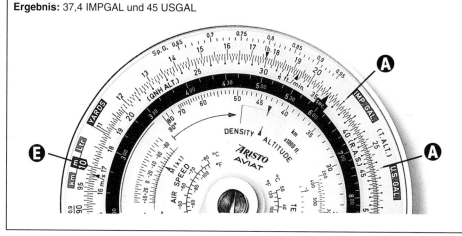

2. Beispiel Umrechnung von Flüssigkeitsmengen

Gegeben: 50,3 USGAL
Gesucht: Wert in l und IMPGAL

Drehe den Skalenwert 503 im Innenring unter die Marke „US.GAL." des Außenrings und lies das Ergebnis unter den Marken „Ltr." (190) und „IMP.GAL." (42) ab.

Ergebnis: 190 l und 42 IMPGAL

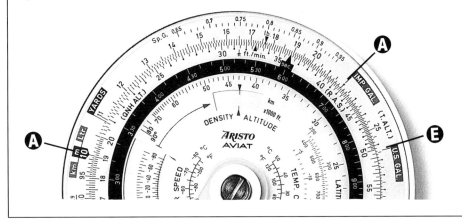

1. Beispiel Umrechnung von Gewichten (Massen)

Gegeben: 470 kg
Gesucht: Wert in lb

Drehe den Skalenwert 47 im Innenring unter die Marke „kg" am Außenring und lies das Ergebnis unter der Marke „lb" (1035) ab.

Ergebnis: 1.035 lb

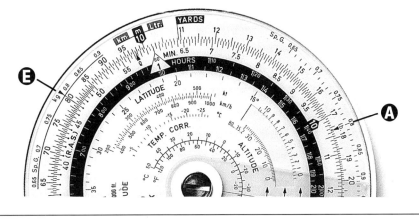

2. Beispiel Umrechnung von Gewichten (Massen)

Gegeben: 2.870 lb
Gesucht: Wert in kg

Ergebnis: 1.305 kg

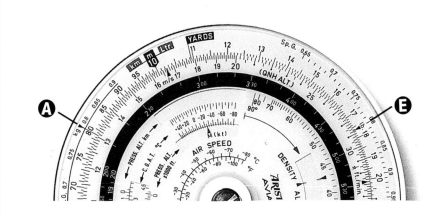

Gewichtsberechnung aus Flüssigkeitsmengen

Bei der Berechnung der Flugzeugbeladung muß der Pilot auch das Gewicht (Masse) des Kraftstoffs ausrechnen. Das Gewicht einer Flüssigkeit wird durch das spezifische Gewicht angegeben. Der Flugkraftstoff AVGAS 100 LL hat ein spezifisches Gewicht von etwa 0,72; d.h. 1 l AVGAS wiegt 0,72 kg. Haben wir z.B. 180 l Kraftstoff mit einem spezifischen Gewicht von 0,72 getankt, so wiegt dieser Kraftstoff also 180 x 0,72 = 129,6 kg.

Der Aviat hat am oberen Rand des Außenrings bei den Umrechnungsmarken „kg" und „lb" je eine Skala für spezifische Gewichte (Sp.G., engl. Abkürzung für Specific Gravity) zwischen 0,65 und 0,95. Zu jeder Flüssigkeitsmenge in Liter oder Gallons kann somit das Gewicht wahlweise in kg oder lb abgelesen werden.

1. Beispiel Gewichtsberechnung aus Flüssigkeitsmengen

Gegeben: 125 l Kraftstoff mit spez. Gewicht 0,72
Gesucht: Gewicht in kg

Drehe den Skalenwert 125 der Innenskala unter die Marke „Ltr." am Außenring. Drehe den roten Drehzeiger auf 0,72 bei der Sp.G.-Skala für kg und lies unter dem Drehzeiger an der Innenskala 9 ab.

Ergebnis: 90 kg

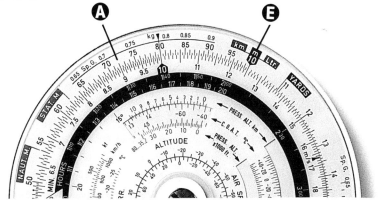

2. Beispiel Gewichtsberechnung aus Flüssigkeitsmengen

Gegeben: 158 IMPGAL Kraftstoff mit spez. Gewicht 0,80
Gesucht: Gewicht in lb

Drehe den Skalenwert 158 der Innenskala unter die Marke „IMPGAL" am Außenring. Drehe den roten Drehzeiger auf 0,80 der Sp.G.-Skala für lb und lies unter dem Drehzeiger auf der Innenskala 1.265 ab.

Ergebnis: 1.265 lb

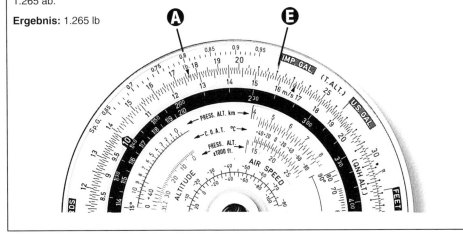

Berechnung von Steigflug- und Sinkfluggeschwindigkeiten und -zeiten

Steig- und Sinkgeschwindigkeiten werden im allgemeinen mit ft/min angegeben, in einigen Fällen - z.B. bei Segelflugzeugen - aber auch in m/s. Auf der Innenskala befindet sich bei dem Skalenwert 167 die Marke „m/s" und bei 328 die Marke „ft/min". Mit Hilfe dieser Marken lassen sich Werte in m/s und ft/min gegenseitig umrechnen.

Will man wissen, wieviel Zeit ein Flugzeug für einen Höhenwechsel bei einer bestimmten Sink- oder Steiggeschwindigkeit benötigt, so ist auch dies mit dem Aviaten schnell zu berechnen.

1. Beispiel Berechnung von Steigflug- und Sinkfluggeschwindigkeiten

Gegeben: 500 ft/min
Gesucht: Wert in m/s

Drehe die Marke „ft/min" unter den Skalenwert 50 der Außenskala und lies über der Marke „m/s" das Ergebnis (254) auf der Außenskala ab.

Ergebnis: 2,54 m/s

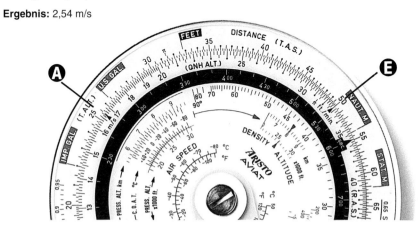

2. Beispiel Berechnung von Steigflug- und Sinkfluggeschwindigkeiten

Gegeben: 4 m/s
Gesucht: Wert in ft/min

Ergebnis: 787 ft/min

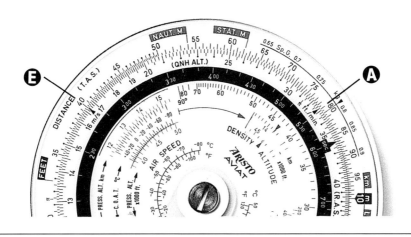

3. Beispiel Berechnung von Steigflug- und Sinkflugzeiten

Gegeben: Ein Flugzeug soll mit 400 ft/min Sinkgeschwindigkeit eine Höhe von 9.000 ft aufgeben.
Gesucht: Sinkzeit

Drehe die „10" der Innenskala unter den Skalenwert 40 (= 400) und lies unter 90 (= 9.000) der Außenskala das Ergebnis 225 (22,5) auf der Innenskala ab.

Ergebnis: 22,5 min

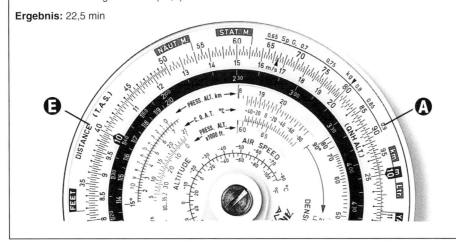

4. Beispiel Berechnung von Steigflug- und Sinkflugzeiten

Gegeben: Steiggeschwindigkeit 6 m/s, Höhenwechsel 2.500 m
Gesucht: Steigzeit

Drehe die Marke „m/s" der Innenskala unter die 60 (= 6) der Außenskala und lies unter 25 (= 2.500) der Außenskala das Ergebnis 7 auf der Innenskala ab.

Ergebnis: 7 min

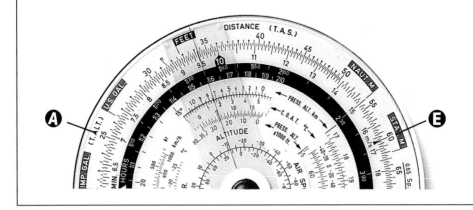

Zeitskala - Umrechnung von Zeiten

Die bisher benutzte Innenskala des Aviaten ist gleichzeitig eine Zeitskala. Ausgehend von der Stundenmarke werden im Uhrzeigersinn die Minuten - neben der Stundenmarke steht auch „MIN" - von 6 bis 60 dargestellt. Die Zahl 7 auf der weißen Innenskala bedeutet also nicht nur den Skalenwert 7, sondern auch 7 Minuten. Geht man in dieser Minutenskala im Uhrzeigersinn einmal herum, so kommt man wieder zur Stundenmarke. In der Stundenmarke steht 60 für 60 Minuten, darunter „1" für 1 Stunde (engl. Hour). Die innere schwarze Skala ist die Stundenskala; sie beginnt bei 1 Stunde (Stundenmarke) und geht im Uhrzeigersinn einmal herum bis 10 Stunden und dann noch weiter bis maximal 20 Stunden.

In der Minutenskala und der Stundenskala stehen sich die entsprechenden Werte für Stunden und Minuten gegenüber. Z.B. steht über 8 Stunden in der schwarzen Stundenskala der Skalenwert 48 in der weißen Minutenskala, d.h. 8 Stunden = 480 Minuten.

Mit Hilfe der schwarzen Umrechnungsmarke „sec" in der Innenskala lassen sich auch Minuten in Sekunden und umgekehrt rechnen.

Die Zeitskala wird man selten für das Umrechnen von Stunden in Minuten und Sekunden benötigen - solche Umrechnungen kann man auch leicht im Kopf machen. Viel wichtiger und hilfreicher ist die Zeitskala für die folgenden Weg-Zeit-Geschwindigkeits-Aufgaben und Kraftstoffverbrauchsberechnungen.

1. Beispiel Zeitskala - Umrechnung von Zeiten

Gegeben: 750 min
Gesucht: Wert in Stunden

Lies unter dem Skalenwert 75 auf der weißen Innenskala im schwarzen Innenring 12,5 ab.

Ergebnis: 12 h 30 min

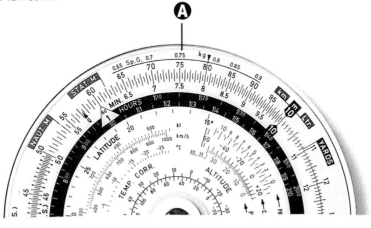

2. Beispiel Zeitskala - Umrechnung von Zeiten

Gegeben: 23 min
Gesucht: Wert in Sekunden

Stelle die Stundenmarke unter den Skalenwert 23 der Außenskala und lies über der Sekundenmarke „sec" das Ergebnis 1.380 (138) an der Außenskala ab.

Ergebnis: 1.380 sec

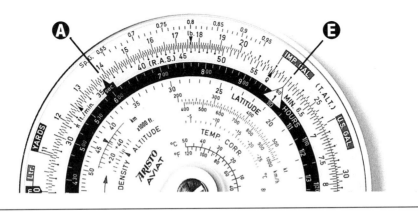

Weg-Zeit-Geschwindigkeitsaufgaben

Weg-Zeit-Geschwindigkeitsaufgaben kommen mit am häufigsten bei der Flugplanung und -durchführung vor. Sie werden in Form von Proportionen (Verhältnisgleichungen) gelöst. Ein Beispiel verdeutlicht dies:

Gegeben: Fluggeschwindigkeit über Grund V_G 120 kt, Flugstrecke 360 NM

Gesucht: Flugzeit In Stunden

Als Proportion sieht diese Aufgabe so aus:

$$\frac{x \text{ Stunden}}{360 \text{ NM}} = \frac{1 \text{ Stunde}}{120 \text{ NM}}$$

120 NM werden in 1 Stunde zurückgelegt. Wieviele Stunden benötigt man für 360 NM? Mit der Zeitskala läßt sich diese Proportion auf dem Aviaten leicht nachstellen.

Ergebnis: 3 Stunden

In den Beispielen 1 und 2 wird nach der Flugzeit gefragt. Es kann aber auch sein, daß die Flugzeit vorgegeben ist; z.B. verfügt das Flugzeug noch über eine Kraftstoffmenge für eine bestimmte Zeit und der Pilot fragt sich „Wie weit komme ich damit?". Diese Fragen werden in den Beispielen 3 und 4 beantwortet.

Während des Fluges kann man die aktuelle Geschwindigkeit über Grund V_G aus der zurückgelegten Flugstrecke und der Flugzeit ermitteln. In den Beispielen 5 und 6 werden diese Aufgaben gelöst.

Anmerkung: In der Flugnavigation werden Flugzeiten (nicht Uhrzeiten) im allgemeinen folgendermaßen geschrieben: 2:36 für 2 Stunden und 36 Minuten, 0:18 für 18 Minuten.

---

1. Beispiel Weg-Zeit-Geschwindigkeitsaufgaben

Gegeben: V_G 142 kt, Flugstrecke 370 NM
Gesucht: Flugzeit

Drehe die Stundenmarke unter den Skalenwert 142 der Außenskala und lies unter dem Skalenwert 37 (= 370) der Außenskala auf der weißen Minutenskala 156 Minuten oder darunter (mit Hilfe des Drehzeigers) auf der schwarzen Stundenskala 2:36 ab.

Ergebnis: 2:36

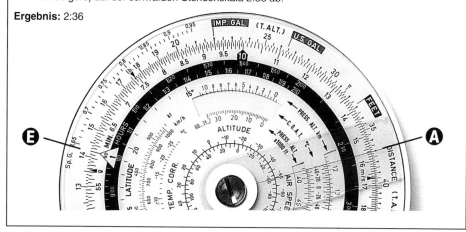

2. Beispiel Weg-Zeit-Geschwindigkeitsaufgaben

Gegeben: V_G 110 kt, Flugstrecke 33 NM
Gesucht: Flugzeit

Ergebnis: 0:18

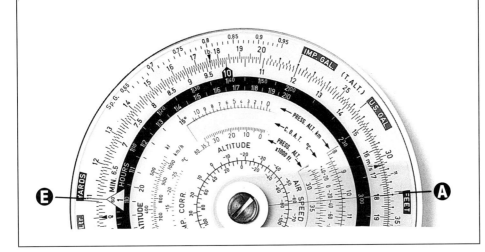

3. Beispiel Weg-Zeit-Geschwindigkeitsaufgaben

Gegeben: V_G 126 kt, Flugzeit 2:05
Gesucht: Flugstrecke

Drehe die Stundenmarke unter den Skalenwert 126 der Außenskala und lies über dem Wert 2:05 auf der schwarzen Stundenskala bzw. 125 Minuten auf der weißen Minutenskala den Skalenwert 262 auf der Außenskala ab.

Ergebnis: 262 NM

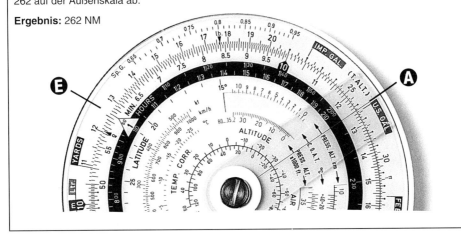

4. Beispiel Weg-Zeit-Geschwindigkeitsaufgaben

Gegeben: V_G 275 kt, Flugzeit 3:47
Gesucht: Flugstrecke

Ergebnis: 1.040 NM

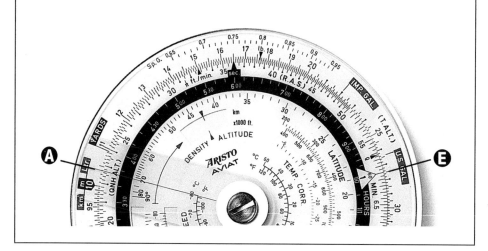

5. Beispiel Weg-Zeit-Geschwindigkeitsaufgaben

Gegeben: Flugstrecke 35 NM, Flugzeit 0:19
Gesucht: V_G

Drehe unter den Skalenwert 35 der Außenskala den Skalenwert 19 (= 19 Minuten) der Innenskala und lies das Ergebnis 11 über der Stundenmarke an der Außenskala ab.

Ergebnis: V_G 110 kt

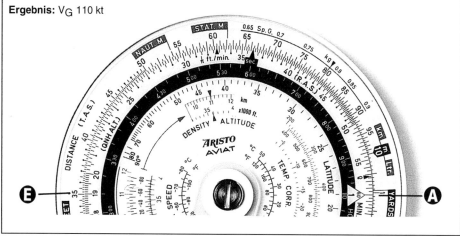

6. Beispiel Weg-Zeit-Geschwindigkeitsaufgaben

Gegeben: Flugstrecke 670 NM, Flugzeit 2:17
Gesucht: V_G

Ergebnis: 294 kt

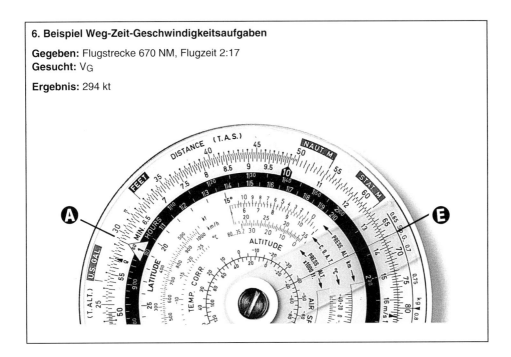

Kraftstoffverbrauchsberechnungen

Berechnungen des Kraftstoffverbrauchs bzw. des Kraftstoffbedarfs sind auch Zeitaufgaben und damit ähnlich wie Weg-Zeit-Geschwindigkeitsaufgaben durchzuführen.

Vor dem Flug stellt sich die Frage, wieviel Kraftstoff mindestens getankt werden muß. Gegeben ist der Kraftstoffverbrauch pro Stunde gemäß Flughandbuch und die geplante Flugzeit.

Ein rechnerisches Beispiel:

Gegeben: Der Kraftstoffverbrauch beträgt 30 l/h, und die Flugzeit ist mit 2:30 geplant.
Gesucht: Verbrauch in l für 2:30 Stunden

Als Proportion sieht diese Aufgabe so aus:

$$\frac{x\,l}{2:30} = \frac{30\,l}{1:00}$$

Ergebnis: 75 l

Für die geplante Flugzeit von 2:30 Stunden beträgt der Verbrauch 75 l. Mit der Zeitskala läßt sich auch diese Proportion auf dem Aviaten leicht nachstellen.

Die nächsten Beispiele 1 und 2 zeigen Verbrauchsberechnungen mit dem Aviaten.

Sind Kraftstoffvorrat und Kraftstoffstundenverbrauch bekannt, so läßt sich die Frage nach der maximalen Flugzeit beantworten (s. folgende Beispiele 3 und 4).

1. Beispiel Kraftstoffverbrauchsberechnungen

Gegeben: Kraftstoffverbrauch 32 l/h, Flugzeit 1:53
Gesucht: Kraftstoffgesamtverbrauch

Drehe die Stundenmarke unter den Skalenwert 32 der Außenskala und lies über dem Wert 1:53 auf der schwarzen Stundenskala bzw. 150 Minuten auf der weißen Minutenskala den Skalenwert 603 auf der Außenskala ab.

Ergebnis: 60,3 l

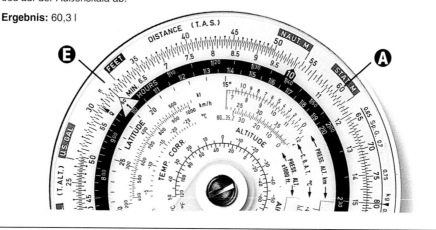

2. Beispiel Kraftstoffverbrauchsberechnungen

Gegeben: Kraftstoffstundenverbrauch 17 USGAL, Flugzeit 4:20
Gesucht: Kraftstoffgesamtverbrauch

Ergebnis: 73,7 USGAL

3. Beispiel Kraftstoff/Flugzeitberechnung

Gegeben: Kraftstoffvorrat 275 l, Kraftstoffstundenverbrauch 41 l/h
Gesucht: max. Flugzeit

Drehe die Stundenmarke unter den Skalenwert 41 der Außenskala und lies unter dem Skalenwert 275 der Außenskala auf der weißen Minutenskala 402 Minuten oder darunter auf der schwarzen Stundenskala 6:42 ab.

Ergebnis: 6:42

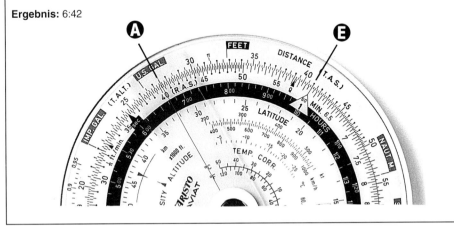

4. Beispiel Kraftstoff/Flugzeitberechnung

Gegeben: Kraftstoffvorrat 30 USGAL, Kraftstoffstundenverbrauch 14 USGAL
Gesucht: max. Flugzeit

Ergebnis: 2:08

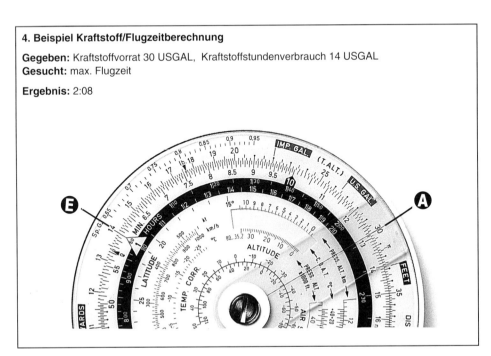

1. Beispiel Berechnung der Werte von Sinus

Bestimme: sin 43°

Drehe (mit Hilfe des Drehzeigers) 43° der Latitude Skala unter die Marke „10" der Außenskala. Lies (mit Hilfe des Drehzeigers) über 90° der Latitude Skala den Skalenwert 68 (= 0,68) auf der Außenskala ab.

Ergebnis: 0,68

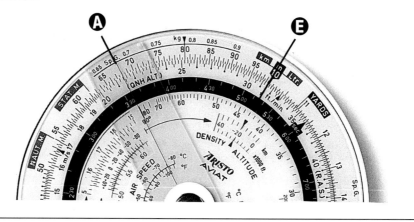

2. Beispiel Berechnung der Werte von Kosinus

Bestimme: cos 43°

Der Kosinus ist die Umkehrung des Sinus; d.h. cos 43° entspricht sin 47° (90° - 43° = 47°).
Drehe 47° der Latitude Skala unter die Marke „10" der Außenskala. Lies über 90° der Latitude Skala den Skalenwert 73 (= 0,73) auf der Außenskala ab.

Ergebnis: 0,73

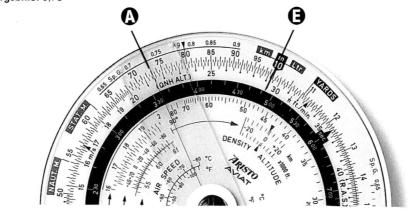

Berechnung der Werte von Sinus und Kosinus

Mit Hilfe der mit „LATITUDE" bezeichneten Skala auf der Innenscheibe lassen sich die Werte für Sinus (sin) und Kosinus (cos) der Winkel von 15° bis 90° ablesen (Beispiele 1 und 2 linke Seite).

Winddreiecksaufgaben

Auf der Rückseite des Aviaten wird das Winddreieck nachgebildet. Damit lassen sich die in der Navigation vorkommenden Windaufgaben sehr einfach lösen.

Unter der TRUE-INDEX-Marke des festen Außenrings wird der rechtweisende Kurs mit Hilfe der drehbaren Kompaßrose eingestellt. Der transparente Drehzeiger stellt den Windvektor des Winddreiecks dar. Auf dem Diagrammschieber sind zusammenlaufende Geraden und Kreisbögen aufgetragen. Die Geraden geben den Luvwinkel bzw. den Abtriftwinkel an. Die Kreisbögen stellen die Geschwindigkeiten dar, je nach Aufgabenstellung V_G oder V_E.

Zu beachten ist, daß auf dem Diagrammschieber verschiedene Geschwindigkeitsskalen mit verschiedenen Unterteilungen eingraviert sind. Demzufolge hat auch der transparente Drehzeiger verschiedene Skalen für die Darstellung der Windstärke.

Um eine Verwechslung auszuschließen, sind die zusammengehörigen Skalen auf dem Diagrammschieber und dem Drehzeiger mit gleichartigen Zeichen markiert, z.B.:
△ ☐ ○

Wie stellt sich nun unser Flugbeispiel Aschaffenburg - Würzburg auf dem Aviaten dar?

Gegeben sind rwK 102°, V_E 110 kt und der Wind mit 330/15. Gesucht wird der Luvwinkel L, und damit der rwSK, sowie V_G.

Unter die TRUE-INDEX-Marke stellen wir mit Hilfe der drehbaren Kompaßrose den rwK 102° ein. Damit haben wir sozusagen den ersten Strich im Winddreieck gezeichnet.

Nun tragen wir den Windvektor - wie bei der Zeichnung des Winddreiecks - in Richtung des Windes ab, d.h., wir stellen den transparenten Drehzeiger in Richtung 330° (äußere, schwarze Kompaßrose). Die Länge des Windvektors beträgt 15 kt (Achtung: auf dem Drehzeiger steht 1 für 10 kt, 2 für 20 kt usw.).

Im Winddreieck hatten wir nun vom Anfang des Windvektors aus einen Kreisbogen mit der Länge entsprechend der Geschwindigkeit V_E geschlagen. Auf dem Diagrammschieber sind die Geschwindigkeiten als Kreisbögen dargestellt.

In unserem Beispiel schieben wir den Diagrammschieber mit dem Kreisbogen V_E 110 kt unter die Windgeschwindigkeit 15 kt auf dem Drehzeiger. Damit haben wir das Winddreieck nachgebildet.

An dem Schnittpunkt V_E mit der Windgeschwindigkeit lesen wir den Luvwinkel von L -6° und unter dem Mittelpunkt des Drehzeigers V_G 121 kt ab.

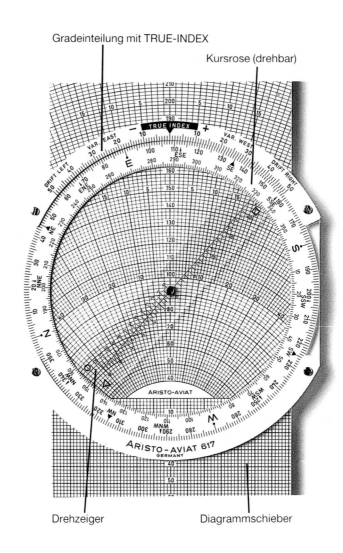

Abb. 72: Aviat 617, Rückseite.

1. Beispiel Winddreiecksaufgaben

Gegeben: rwK 110°, V_E 100 kt, Wind 140/30
Gesucht: L und rwSK, V_G

Ergebnis: L +9°, rwSK 119° und V_G 73 kt

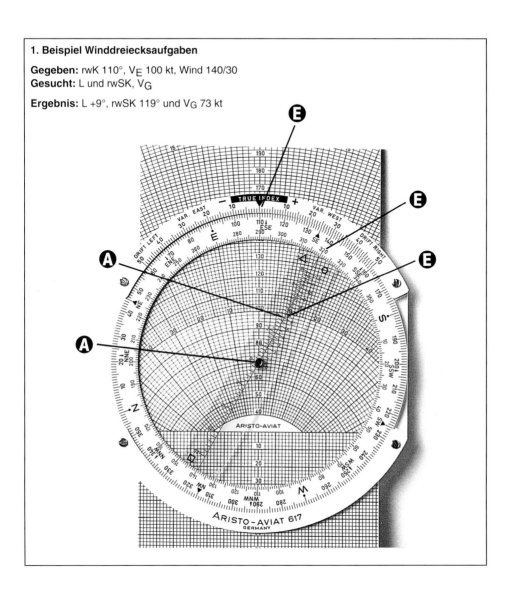

2. Beispiel Winddreiecksaufgaben

Gegeben: rwK 300°, V_E 100 kt, Wind 070/22
Gesucht: L und rwSK, V_G

Ergebnis: L +10°, rwSK 310° und V_G 114 kt

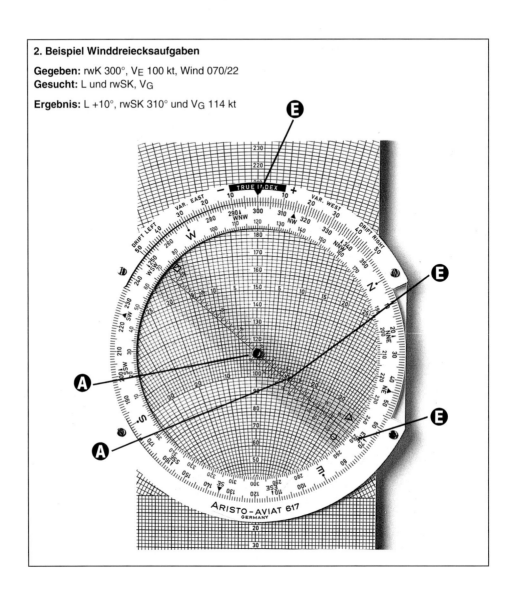

3. Beispiel Winddreiecksaufgaben

Gegeben: rwSK 270°, V_E 140 kt, rwK 280°, V_G 125 kt
Gesucht: Wind

Stelle die TRUE-INDEX-Marke über den rwSK 270°. Den Diagrammschieber schiebe mit dem Kreisbogen V_E 140 kt unter den Mittelpunkt des Drehzeigers. Damit ist der rwSK-Vektor dargestellt. Der Wind hat das Flugzeug um 10° nach rechts abgetrieben. Suche auf der rechten Hälfte des Diagrammschiebers den Schnittpunkt der 10°-Linie mit dem Kreisbogen V_G 125 kt und markiere u.U. diesen Punkt mit einem Bleistift. Drehe nun den Drehzeiger vom Mittelpunkt zum markierten Schnittpunkt und der Windvektor ist eingestellt. Der Drehzeiger zeigt, daß der Wind aus 218° mit einer Windstärke von etwa 28 kt kommt.

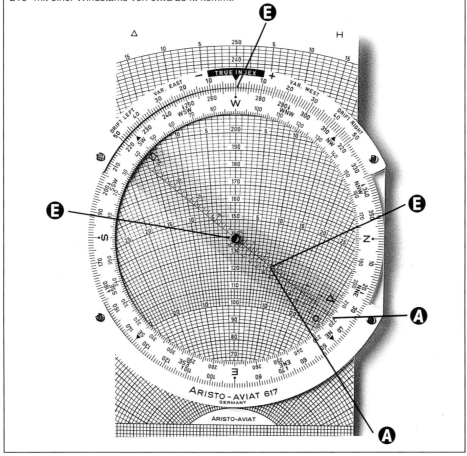

Mit dem Aviaten lassen sich auch die Quer- und Längswindkomponente ausrechnen. Einfacher geht es aber mit dem in Abb. 49 dargestellten Winddiagramm, wie es in den meisten Flughandbüchern zu finden ist. Auf eine Darstellung der Ermittlung der Quer- und Längswindkomponente mit dem Aviaten wird daher bewußt verzichtet.

Kontroll- und Übungsaufgaben

1. Rechnen Sie 8.500 ft in m um.

2. Rechnen Sie 128 km in NM um.

3. Rechnen Sie nach der Faustformel 280 km in NM um.

4. Rechnen Sie 100 NM in ML um.

5. Rechnen Sie 158 MPH in kt um.

6. Rechnen Sie nach der Faustformel 110 kt in km/h um.

7. Rechnen Sie 800 ft/min in m/s um.

8. Rechnen Sie 255 l in USGAL um.

9. Ein Flugzeug hat 210 l getankt. Wieviel wiegt der Kraftstoff in kg (spezifisches Gewicht 0,72)?

10. Ein Flugzeug hat 60 IMPGAL getankt. Wieviel wiegt der Kraftstoff in lb (spezifisches Gewicht 0,72)?

11. Gegeben: V_G 130 kt, Flugstrecke 200 NM
Gesucht: Flugzeit.

12. Gegeben: V_G 160 kt, Flugstrecke 760 NM
Gesucht: Flugzeit.

13. Gegeben: V_G 90 kt, Flugzeit 4:10
Gesucht: Flugstrecke.

14. Gegeben: Flugstrecke 220 NM, Flugzeit 1:14
Gesucht: V_G.

15. Gegeben: Kraftstoffverbrauch 42 l/h, Flugzeit 2:10
Gesucht: Kraftstoffgesamtverbrauch.

16. Gegeben: Kraftstoffvorrat 20 l, Kraftstoffstundenverbrauch 50 l/h
Gesucht: Maximale Flugzeit.

17. Gegeben: rwK 023°, V_E 150 kt, Wind 250/30
Gesucht: L, rwSK, V_G.

18. Gegeben: TC 214°, TAS 160 kt, Wind 240/20
Gesucht: WCA, TH, GS.

19. Gegeben: rwSK 145°, V_E 180 kt, rwK 135°, V_G 190 kt
Gesucht: Wind.

20. Gegeben: rwSK 090°, V_E 120 kt, Wind 340/30
Gesucht: A, rwK, V_G.

Kapitel 10
Flugplanung und Flugdurchführung

Flugvorbereitung und Flugplanung

Jeder Pilot wird spätestens nach dem ersten Überlandflug erkennen, wie wichtig eine gute Flugvorbereitung und Flugplanung *vor* dem Flug ist. Sie entlastet den Piloten; er hat Zeit und kann sich der Bedienung des Flugzeuges, der Luftraumbeobachtung und der Schönheit der Landschaft widmen. Eine sorgfältige Flugvorbereitung trägt entscheidend zur sicheren Durchführung des Fluges bei.

Zur Flugvorbereitung gehört nicht nur die navigatorische Flugplanung, d.h., wie komme ich von Flugplatz A nach Flugplatz B, sondern auch die Kraftstoffberechnung, die Beladung (Gewicht und Schwerpunktlage), Berechnung der Start- und Landestrecke und die Wetterberatung. Gerade der VFR-Pilot ist vom Wetter abhängig, von Sicht, Wolkenuntergrenze und Wind. Die Wetterverhältnisse sind mit entscheidend, ob im kontrollierten oder unkontrollierten Luftraum und damit in welcher Höhe geflogen werden darf, und ob die geplante Strecke eingehalten werden kann. Im Zweifelsfall sollte man eine persönliche Wetterberatung bei der nächsten Flugwetterwarte (telefonisch) einholen. Ist das Wetter schlecht und die einwandfreie Durchführbarkeit des geplanten Fluges fraglich, sollte man auf den Flug verzichten.

Welche Unterlagen benötigt der Pilot nun für die navigatorische Flugplanung? Im wesentlichen sind dies:

- Luftfahrtkarte ICAO 1:500.000
- Luftfahrthandbuch AIP VFR
- VFR-Bulletin
- Navigationsgeräte (Navigationsrechner, Kursdreieck, Lineal)
- VFR-Flugdurchführungsplan

Die Luftfahrtkarte muß auf jeden Fall neuesten Datums sein. Gerade die Luftraumstruktur ändert sich häufig, so daß die Benutzung einer alten Karte zu Luftraumverletzungen führen kann. Aber auch neue Straßen oder Hindernisse können in der neuen Kartenausgabe eingezeichnet sein.

Das Luftfahrthandbuch AIP VFR darf bei keiner Flugvorbereitung fehlen, denn es enthält die für die Navigation in Flugplatznähe wichtigen Sichtan-/-abflugkarten und Flugplatzkarten. Darüber hinaus sind in der AIP VFR alle für die VFR-Luftfahrt wesentlichen Bestimmungen beschrieben.

Die Luftfahrt ist ständigen Änderungen unterworfen, sei es, daß eine neue Kontrollzone eingerichtet wird, eine Funknavigationsanlage vorübergehend eine andere Frequenz erhält, eine militärische Übung stattfindet oder die Landestrecke für einen Flugplatz verkürzt wird. Das VFR-Bulletin informiert darüber. Es enthält alle für die VFR-Luftfahrt wichtigen NOTAMs und Supplements und erscheint alle 2 Wochen neu. Wer die AIP VFR bezieht, erhält zusätzlich kostenlos das VFR-Bulletin.

Zu den Unterlagen für die Flugplanung sollte auch ein VFR-Flugdurchführungsplan gehören. Darin werden alle für den Flug relevanten Daten wie Strecke, Kurse, Entfernungen, Zeiten usw. eingetragen. Damit wird eine systematische und rationale Flugvorbereitung möglich. Ein solcher Flugdurchführungsplan ist zwar keine Pflicht, er wird jedoch vom Luftfahrt-Bundesamt empfohlen. Wer den Flugdurchführungsplan sorgfältig ausfüllt, hat den Flug optimal vorbereitet.

Abb. 73a und 73b (nächste und übernächste Seite: Flugdurchführungsplan VFR (aus fsm 1/87).

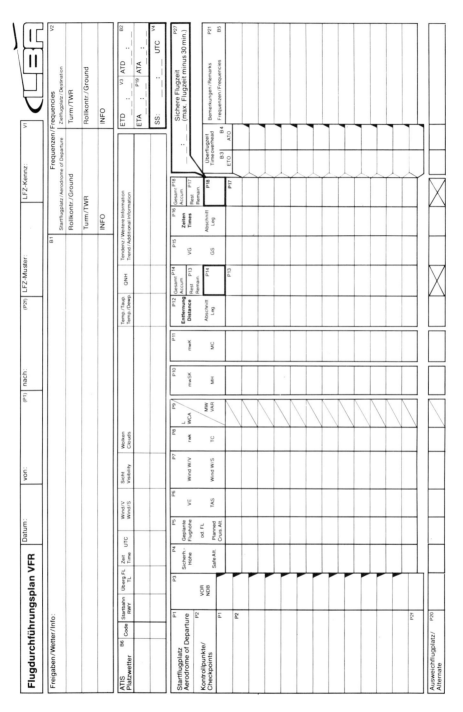

Flugsicherungs-Beratung

V5

Wetter-Beratung

GAFOR ☐ : / Individuelle Beratung: (gültig bis ___:___ UTC)

V6

Flugplatz-Daten aus AIP

V7	Bahn-richtg	Bahn-länge (m)	Strecke (15 m)	Höhe (ft)	Temp. (°C)	Wind (°/kt)	Neigung +/−	Belag	Gras-bahn	Oberflächenzustand	Beschränkungen
P1											
P21											
P20											

Kraftstoffberechnung P22

	Flugzeit	Kraftstoff (l)
Reiseflug (Startort – Landeort) P23		
Zuschlag, Anlassen, Rollen P24		
Zuschlag, Steigflug P25		
An- und Abflug (mind. 10 min.)		
Ausweichflugplatz P20		
Reserve (mind. 30 min.)		
Mindest-Kraftstoffbedarf		
Extra-Kraftstoff		
Kraftstoff-Vorrat P26		
Sichere Flugzeit P27 (= max. Flugzeit minus 30 min.)	max. __:__	
Daten über Verbrauch:		

Masse-/Schwerpunkt-Berechnung P28
(Hebelarm s. Flughandbuch)

	Masse	Moment
Leermasse P29		
Kraftstoff, nicht ausfliegbar		
Schmierstoff		
= Grundmasse P30		
Sitzreihe 1		
Sitzreihe 2		
Sitzreihe 3		
Gepäck / Ladung — Vorn / Mitte / Hinten		
Kraftstoff, ausfliegbar P31		
Startmasse P32		

Start- und Landestrecken-Berechnung P33

		Start		Landung	
		Roll-strecke(m)	Start-strecke(m)	Lande-strecke(m)	Roll-strecke(m)
Grunddaten aus AIP:					
Vorhandene Bahnlänge					
Verfügb. Strecke(15m) P34					
aus Flughandbuch: Grundstrecken					
Höhenzuschlag					
Temperaturzuschlag					
Windeinfluß					
Neigungszuschlag					
Grasbahnzuschlag					
Oberflächenzuschlag					
Benötigte Strecke P35					

Wie gehen wir nun in unserer navigatorischen Flugplanung vor? Anhand eines Fluges vom Flugplatz Mainbullau (EDFU) zum Flugplatz Saarlouis (EDRJ) wollen wir die Flugplanung (und später die Flugdurchführung) demonstrieren. Dabei werden alle Daten sorgfältig in den VFR-Flugdurchführungsplan eingetragen. Das Flugzeug ist eine Cessna 172; der Tag ein Dienstag im Juni.

Flugzeugdaten

Für die navigatorische Flugvorbereitung benötigen wir folgende Leistungsdaten des Flugzeuges aus dem Flughandbuch:

- Wahre Eigengeschwindigkeit (V_E/TAS): 110 kt
- Steiggeschwindigkeit: 90 kt
- Steigrate: 500 ft/min

Daten zum Startflugplatz, Flugstrecke und Zielflugplatz

Im Luftfahrthandbuch AIP VFR finden wir im Teil AGA die Flugplatz-Öffnungszeiten: Flugplatz Mainbullau von 0800 bis SS, aber spätestens bis 1800 UTC, und Flugplatz Saarlouis-Düren von 0700 bis 1800, maximal bis SS. In den Spalten daneben stehen die Telefonnummern der zuständigen Flugwetterwarten und, falls erforderlich, der Flugberatungsdienste.

Da wir gerade die AIP VFR zur Hand haben, entnehmen wir ihm die Sichtanflug- und Flugplatzkarten für die beiden Flugplätze Mainbullau und Saarlouis-Düren. Im VFR-Bulletin und im AIP VFR Supplement schauen wir nach, ob zusätzliche Informationen zum Start- und Zielflugplatz und zur Flugstrecke zu beachten sind.

Flugwetter

Die Flugwetterberatung kann individuell bei der Flugwetterwarte oder als automatische Flugwetteransage (AFWA) eingeholt werden. Die AFWA wird einer individuellen Beratung gleichgesetzt, sofern sie in der letzten Stunde vor dem Start abgerufen worden ist. Für die AFWA ist das Bundesgebiet in verschiedene Vorhersagegebiete unterteilt; für unseren Flug kommen die Gebiete 44, 45, 46 in Betracht. Laut Vorhersage liegt heute eine Hochdruckwetterlage vor und für alle Gebiete erfolgt die Einstufung „C", d.h. Sicht 10 km oder mehr und keine Wolken mit einem Bedeckungsgrad von 4/8 oder mehr unterhalb von 5.000 ft GND. Der Wind für die gesamte Strecke wird mit 320°/20 kt angegeben.

Festlegung der Flugroute

Anhand der Luftfahrtkarte planen wir nun unsere Flugroute. Wir ziehen eine Gerade vom Startflugplatz Mainbullau zum Zielflugplatz Saarlouis-Düren.

FLUGPLATZ / AERODROME	Winterperiode / Winter period	Sommerperiode / Summer period	Flugsicherungsstellen / AIS, ATC units	Flugwetterwarte / MET Office
Mainbullau (EDFU) (09372) 2619 (09371) 6273 →	Mon 0900–SS O/R, Tue–Sun 0900–SS; 01 NOV–28 FEB: Mon–Sun 0900–SS O/R andere Zeiten/other times PPR	Mon 0800–SS (1800) O/R Tue–Sun 0800–SS (1800) andere Zeiten/other times PPR	1. EDDF AIS (069) 69070935 2. EDDF ACC (069) 6902892	46 EDDF (069) 8062-2615, 8062-2616
Saarlouis-Düren ⊖ (EDRJ) (06837) 265	0800–SS andere Zeiten/other times PPR	0700–1800 max. SS andere Zeiten/other times PPR	1. EDRS AIS (06893) 83262 2. EDDF ACC (069) 6902892	44 EDRS (06893) 4650

Auszug aus Luftfahrthandbuch AIP VFR, Teil AGA.

Auf den ersten Blick erkennen wir, daß diese Direktroute über die Kontrollzonen der militärischen Flugplätze Coleman und Ramstein hinwegführt. Es muß also eine entsprechend große Reiseflughöhe (über 3.600 ft MSL) eingeplant werden. Zum Glück läßt das Wetter große Flughöhen zu. Wollten wir die Kontrollzonen umfliegen, z.B. wegen niedriger Wolken, so müßten wir nördlich das Flugbeschränkungsgebiet ED-R1 beachten, da dieses von GND bis 18.000 ft MSL reicht, bei südlicher Umfliegung die Kontrollzone Saarbrücken.

Die Direktstreckenführung verlangt natürlich eine genaue Einhaltung des Kurses. Viel einfacher kann man sich die Sache machen, indem man etwa ab dem Flugplatz Coleman entlang der Autobahn A6 und A8 bis nach Saarlouis fliegt. Wir planen den Direktflug und heben uns die Autobahn sozusagen als „Notanker" auf, sollten wir uns „verfranzen".

Zur Orientierung genügt es nicht, nur einen Strich von Flugplatz zu Flugplatz zu zeichnen. Wichtig ist die Festlegung von Zwischenkontrollpunkten auf der Strecke. Kontrollpunkte sind notwendig zur Kurskontrolle und zur Überprüfung der Flugzeit. Kontrollpunkte geben im Flug die navigatorische Gewißheit, auf der Kurslinie zu fliegen. Als Kontrollpunkte eignen sich markante Punkte oder Linien unterhalb oder in Sichtweite rechts und links der Kurslinie (große Ortschaften, Städte, große Seen und Flußläufe, Autobahnen, Eisenbahnlinien, Flugplätze usw.). Der Abstand der Kontrollpunkte sollte einer Flugzeit von etwa 10 Minuten entsprechen; diese Einteilung wird allerdings nicht immer exakt möglich sein.

Erster Kontrollpunkt ist der Flugplatz Michelstadt, der unmittelbar neben der Kurslinie liegt. Als weitere wählen wir:

- Autobahn (A5) zwischen den Orten Heppenheim und Lorsch
- Autobahn (A6) bei Grünstadt (Autobahn kreuzt Eisenbahnlinie)
- Autobahn Landstuhl/Trier (A62) nahe Autobahnkreuz Landstuhl
- Autobahnkreuz Saarbrücken (A8/A1) nordwestlich Meldepunkt November 1
- Stadt Saarlouis

Die Kontrollpunkte markieren wir auf der Luftfahrtkarte mit Querstrichen oder Kreisen und tragen sie dann in den Flugdurchführungsplan ein. Zur Sicherheit suchen wir in der Karte noch nach Auffanglinien und markanten terrestrischen Punkten entlang der Strecke, die uns während des Fluges ein zu großes Abweichen von der Kurslinie anzeigen und uns bei Orientierungsverlust navigatorisch weiterhelfen können. Die Autobahn Saarbrücken-Saarlouis (A620), unmittelbar westlich Saarlouis gelegen, ist eine ideale Auffanglinie, von der aus man den Flugplatz Saarlouis auf jeden Fall finden wird. Die Flugroute kann zusätzlich mit Hilfe von Funknavigationsanlagen festgelegt werden, soweit diese auf der Strecke liegen. In Band 3 „Funknavigation" wird hierauf näher eingegangen.

Flughöhe

Die Mindesthöhe legen wir für jeden Flugabschnitt einzeln fest und tragen sie in die Spalte P4 des VFR-Flugdurchführungsplanes ein. Wir suchen entlang der Strecke im Bereich von +/-5 NM das höchste Hindernis bzw. die höchste Erhebung und addieren 500 ft dazu. Der sich ergebende Wert sollte immer nach oben hin auf den nächsten Hunderter aufgerundet werden; z.B. ergibt sich für den letzten Streckenabschnitt Saarlouis Stadt - Flugplatz Saarlouis eine Mindesthöhe von 2.214 ft + 500 ft = 2.714 ft, aufgerundet 2.800 ft MSL.

Als Reiseflughöhe planen wir 5.000 ft MSL ein. Sie liegt weit oberhalb der Kontrollzonen und des militärischen Tiefflugbandes und damit im kontrollierten Luftraum.

Der Flugplatz Mainbullau liegt in ca. 1.500 ft MSL, bei 500 ft/min Steigrate beträgt die Steigzeit auf Reiseflughöhe 7 Minuten. Aus der späteren Windberechnung ergibt sich für die Steigphase eine Geschwindigkeit über Grund V_G von 78 kt, in 7 Minuten werden also 9 NM Flugweg zurückgelegt. Der Steigflug wird somit in der Nähe des Flugplatzes Michelstadt beendet sein.

Der Sinkflug vor Saarlouis sollte aus Sicherheitsgründen nicht auf Platzrundenhöhe von 2.100 ft MSL, sondern auf die im Flugdurchführungsplan eingetragene Mindesthöhe von 2.800 ft MSL geplant werden. Die Platzrunde vom Flugplatz Saarlouis liegt tiefer als die Spitzen der Sendemasten im Süden des Flugplatzes. Erst wenn die Sendemasten und die Platzrunde in Sicht sind, kann der Sinkflug weiter fortgesetzt werden. Wir müssen also erst einmal von 5.000 ft MSL auf 2.800 ft MSL sinken. Bei einem „langsamen" Sinkflug mit 300 ft/min bedeutet das, daß der Sinkflug etwa 7 Minuten vor Saarlouis einzuleiten ist.

Kurse

Die Ausgangswerte für die Berechnung des mwSK sind der rwK 257° von Mainbullau nach Saarlouis, die Eigengeschwindigkeit V_E von 110 kt bzw. 90 kt für den Steigflug und der Wind 320/20. In Ermangelung einer detaillierten Windvorhersage wird für den Steigflug der gleiche Wind wie für die Gesamtstrecke zugrundegelegt. Mit dem Navigationsrechner werden Luvwinkel L und Geschwindigkeit über Grund V_G errechnet; die einzelnen Werte werden in den Flugdurchführungsplan eingetragen.

Neben der Spalte P10 „mwSK" im Flugdurchführungsplan ist Spalte P11 „mwSK" zur Eintragung von Kursen mit Hilfe von Funknavigationsanlagen vorgesehen. Die entsprechenden Frequenzen der eingeplanten Funknavigationsanlagen werden in Spalte P3 „VOR, NDB" vermerkt.

Flugzeiten

Für die einzelnen Flugabschnitte werden die Entfernungen der Luftfahrtkarte entnommen und auf der Grundlage der V_G mit dem Navigationsrechner die Flugzeiten für jeden Abschnitt berechnet. Dann addiert man die Entfernungen (Spalte P14) und die Flugzeiten (Spalte P18) der Streckenabschnitte von rückwärts auf und erhält jeweils die Restdistanz und die Restflugzeit ab dem entsprechenden Kontrollpunkt. Es ergibt sich eine Gesamtflugzeit von 1:03. Der Start ist für 1300 UTC (Feld V3) geplant, die Ankunft über Saarlouis wird für 1403 UTC (Feld P19) erwartet. Man nennt die voraussichtliche Abflugzeit im Englischen Estimated Time of Departure, ETD, die voraussichtliche Ankunftszeit Estimated Time of Arrival, ETA. Die tatsächliche (aktuelle) Abflugzeit bzw. Ankunftszeit heißt dementsprechend Actual Time of Departure, ATD bzw. Actual Time of Arrival, ATA.

Abb. 74a und 74b (Seiten 166 und 167): Sichtanflugkarte und Flugplatzkarte Mainbullau (aus AIP VFR).

Abb. 75a und 75b (Seiten 168 und 169): Flugstrecke Mainbullau-Saarlouis/Düren, dargestellt auf der Luftfahrtkarte ICAO 1:500.000, Blatt Frankfurt.

Abb. 76a und 76b (Seiten 170 und 171): Sichtanflugkarte und Flugplatzkarte Saarlouis/Düren (aus AIP VFR).

Sichtanflugkarte	Höhe ü. NN	**MAINBULLAU**
Visual Approach Chart	ELEV 1501	**EDFU**

FIS
FRANKFURT INFORMATION
130.975

MAINBULLAU INFO
122.375 Ge (15 NM 3000 ft)

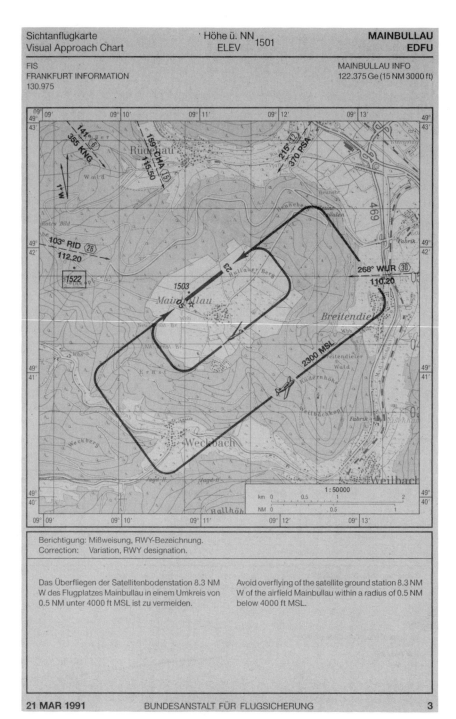

Berichtigung: Mißweisung, RWY-Bezeichnung.
Correction: Variation, RWY designation.

Das Überfliegen der Satellitenbodenstation 8.3 NM W des Flugplatzes Mainbullau in einem Umkreis von 0.5 NM unter 4000 ft MSL ist zu vermeiden.

Avoid overflying of the satellite ground station 8.3 NM W of the airfield Mainbullau within a radius of 0.5 NM below 4000 ft MSL.

21 MAR 1991   BUNDESANSTALT FÜR FLUGSICHERUNG   3

| Flugplatzkarte | 49 41 46 N | **MAINBULLAU** |
| Aerodrome Chart | 09 10 59 E | **EDFU** |

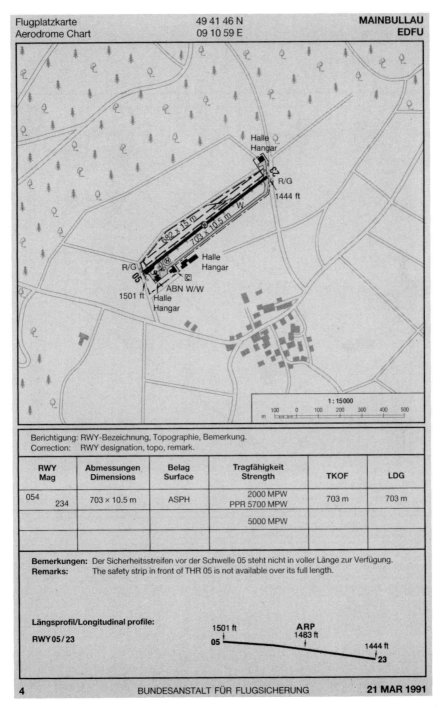

Berichtigung: RWY-Bezeichnung, Topographie, Bemerkung.
Correction: RWY designation, topo, remark.

RWY Mag	Abmessungen Dimensions	Belag Surface	Tragfähigkeit Strength	TKOF	LDG
054 234	703 × 10.5 m	ASPH	2000 MPW PPR 5700 MPW	703 m	703 m
			5000 MPW		

Bemerkungen: Der Sicherheitsstreifen vor der Schwelle 05 steht nicht in voller Länge zur Verfügung.
Remarks: The safety strip in front of THR 05 is not available over its full length.

Längsprofil/Longitudinal profile:

RWY 05/23

05: 1501 ft — ARP 1483 ft — 23: 1444 ft

BUNDESANSTALT FÜR FLUGSICHERUNG   21 MAR 1991

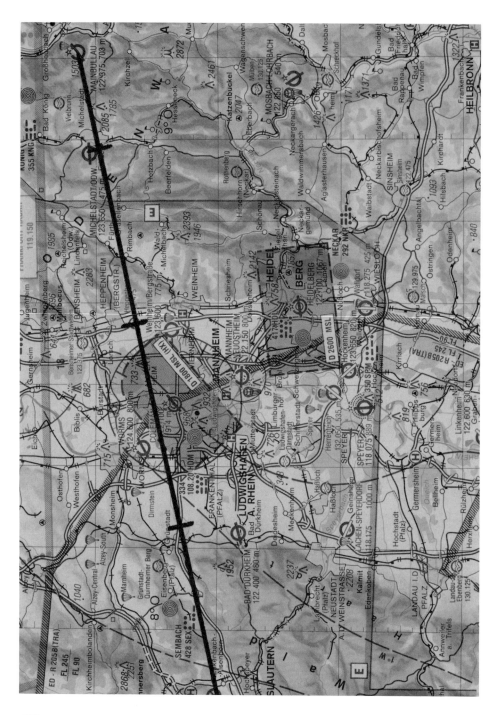

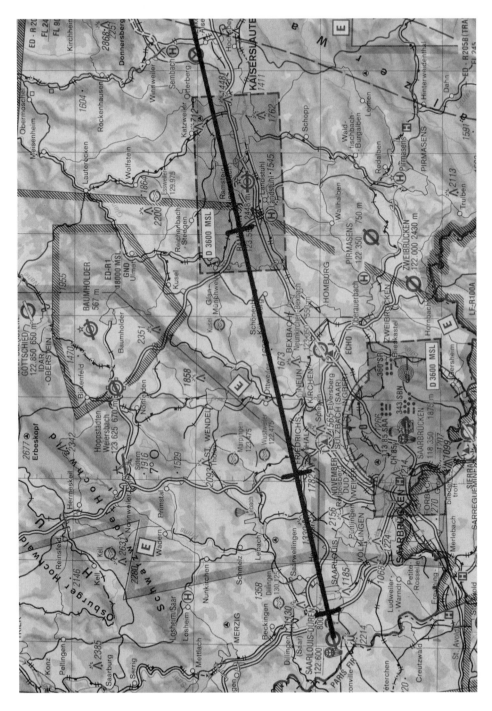

Sichtanflugkarte / Visual Approach Chart	Höhe ü. NN ELEV 1120	**SAARLOUIS-DÜREN** **EDRJ**
FIS FRANKFURT INFORMATION 123.525	VDF (QDM) 122.600	SAARLOUIS INFO 122.600 En/Ge (15 NM 3000 ft)

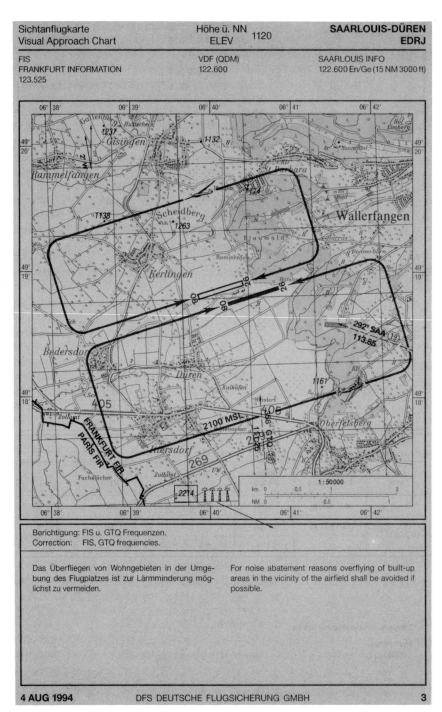

Berichtigung: FIS u. GTQ Frequenzen.
Correction: FIS, GTQ frequencies.

Das Überfliegen von Wohngebieten in der Umgebung des Flugplatzes ist zur Lärmminderung möglichst zu vermeiden.

For noise abatement reasons overflying of built-up areas in the vicinity of the airfield shall be avoided if possible.

4 AUG 1994   DFS DEUTSCHE FLUGSICHERUNG GMBH   3

SAARLOUIS-DÜREN
EDRJ
49 18 49 N
06 40 29 E

Flugplatzkarte
Aerodrome Chart

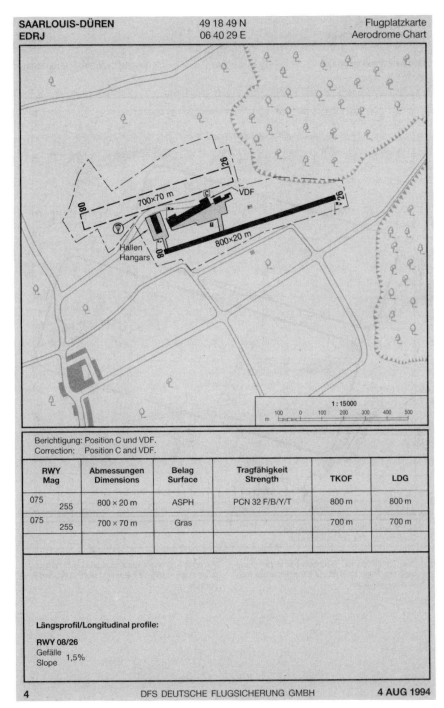

Berichtigung: Position C und VDF.
Correction: Position C and VDF.

RWY Mag	Abmessungen Dimensions	Belag Surface	Tragfähigkeit Strength	TKOF	LDG
075 255	800 × 20 m	ASPH	PCN 32 F/B/Y/T	800 m	800 m
075 255	700 × 70 m	Gras		700 m	700 m

Längsprofil/Longitudinal profile:

RWY 08/26
Gefälle
Slope 1,5%

DFS DEUTSCHE FLUGSICHERUNG GMBH   4 AUG 1994

Ausweichflugplatz

Auch wenn für VFR-Flüge die Festlegung eines Ausweichflugplatzes nicht vorgeschrieben ist, so sollte man diesen doch immer in die Planung mit einbeziehen (Zeile P20).

Wir wählen den nahegelegenen Verkehrsflughafen Saarbrücken (EDRS) als Ausweichflugplatz. Der Weg dorthin führt von Saarlouis aus entlang der Autobahn (A8) über den Meldepunkt November 1. Da der Wind für diesen Streckenabschnitt schräg von hinten weht, nehmen wir als Grundlage der Flugzeitberechnung eine geschätzte V_G von 120 kt.

So, nun haben wir die navigatorische Planung unseres Fluges Mainbullau-Saarlouis abgeschlossen.

Auf der Rückseite des VFR-Flugdurchführungsplanes findet wir Felder für Notizen zur Flugsicherungsberatung (falls man eine solche einholt, z.B. beim Auslandsflug) und Wetterberatung, sowie Tabellen zur Berechnung des Kraftstoffbedarfs, der Startmasse, der Schwerpunktlage und der Start- und Landestrecke.

Der Kraftstoffbedarf setzt sich zusammen aus 42 l für den Reiseflug von 1:03 (Kraftstoffverbrauch 40 l/h), einem Zuschlag von 10 l für Anlassen, Rollen und Steigflug, einem Zuschlag von mindestens 10 min = 7 l für das Fliegen der Platzrunde bei Ab- und Anflug, 7 l = 10 min für den Flug zum Ausweichflugplatz sowie einer Reserve von mindestens 30 min Flugzeit (entsprechend 20 l).

Der Mindest-Kraftstoffbedarf beträgt somit 86 l. Die Masse- und Schwerpunktberechnung ergibt, daß das Flugzeug für den Flug vollgetankt werden kann.

Der Tank enthält 167 l ausfliegbaren Kraftstoff entsprechend einer maximalen Flugzeit von 4:02. Ziehen wir von den 167 l getankten Kraftstoff den oben errechneten Mindest-Kraftstoffbedarf ab, so erhalten wir einen Extra-Kraftstoff von 81 l = 2:02.

Als sichere Flugzeit legen wir schließlich die maximale Flugzeit minus 30 min fest, d.h. in unserem Beispiel 3:32. Diese Flugzeit wird auf der Vorderseite des Flugdurchführungsplanes in Feld P27 eingetragen.

Mit dieser detaillierten Flugplanung kann eigentlich nichts mehr schief gehen.

Flugdurchführung

Nach dem Abflug vom Flugplatz Mainbullau tragen wir in den Flugdurchführungsplan die aktuelle Abflugzeit (ATD) in Feld B2 sowie die zu erwartenden Überflugzeiten über den Kontrollpunkten (engl. Estimated Time Over, ETO) in Spalte B3 ein (Abb. 78).

Wir steigen auf die Reiseflughöhe von 5.000 ft MSL, halten genau den mwSK von 270° und erreichen wie geplant den ersten Kontrollpunkt „Flugplatz Michelstadt". Die aktuelle Überflugzeit (engl. Actual Time Over, ATO) wird in Spalte B4 des Flugdurchführungsplanes notiert (Abb. 78). Den nächsten Kontrollpunkt „Bundesautobahn bei Heppenheim" werden wir in etwa 8 Minuten erreichen.

Abb. 77a und 77b (nächste und übernächste Seite): Flugdurchführungsplan VFR Mainbullau-Saarlouis/Düren.

Flugdurchführungsplan VFR

Datum:	21.06.94	von:	EDFU	nach:	EDRJ	LFZ-Muster:	C172	LFZ-Kennz.:	D-ENCG

Freigaben/Wetter/Info: EDDF MET 069/19ZZZ

ATIS Platzwetter: SAA 123.85

Frequenzen/Frequencies
- Zielflugplatz/Destination
- Turm/TWR
- Rollkontr./Ground
- INFO 122.600

ETD 13:00 ATD __:__
ETA 14:03 ATA __:__
SS 19:43 UTC

Sichere Flugzeit (max. Flugzeit minus 30 min.): **3:32**

Startflugplatz/Aerodrome of Departure
- Rollkontr./Ground
- Turm/TWR
- INFO 122.375

Tendenz/Weitere Information

Kontrollpunkte/Checkpoints	VOR NDB	Sicherh.-Höhe Safe Alt.	Zeit Time UTC	Geplante Flughöhe od. FL	Wind/V Wind/S	VE TAS	Sicht. Visibility	Wind W/V Wind W/S	Wolken Clouds	rwk TC	L WCA	MW VAR	mwSK MH	mwK MC	QNH	Entfernung Distance Abschnitt Leg	Gesamt Accum Rest Remain	GS VG	Zeiten Times Abschnitt Leg	Gesamt Accum Rest Remain	Bemerkungen/Remarks Frequenzen/Frequencies
EDFU		2600		↗		90							270°			9	101	78	07	63	FIS EDDF
Michelstadt Flpl.		2800		5000	110		320/20	253°	+14°	+1°4H		268°			13	92	100	08	56	120.575
BAB Hepreh.		2500		→	→		→	→	→	→	→	→			18	79	→	11	48	123.525
BAB Grundrach		2500		→	→		→	→	→	→	→	→			27	61	→	16	37	
BAB Landst.		2300		→	→		→	→	→	→	→	→			20	34	→	12	21	
BAB x Saarbr.		2700		↗	→		→	→	→	→	→	→			11	14	→	07	09	
Saarlouis		2100		!2600	→		→	→	→	→	→	→			3	3	→	02	02	
EDRJ																0			0	

		2800	3000	110	320/20	entlang Autobahn			20		~120	10			

Ausweichflugplatz/Alternate: EDRJ

TWR 118.350

Flugsicherungs-Beratung

Wetter-Beratung

GAFOR ✗ / Individuelle Beratung: (gültig bis 12 : 18 UTC)

320/20, 0° > 10.000 ft, C

Flugplatz-Daten aus AIP

V7	Bahn-richtung	Bahn-länge (m)	Strecke (15 m)	Kraftstoff (l)	Höhe (ft)	Temp (°C)	Wind (Kt)	Neigung +/−	Belag	Gras-bahn		Oberflächenzustand	Beschränkungen
EDFU	P1 05/23	703			1501			s. Karte	Asph				
EDRJ	P21 08/26	800			1120			1,5 %	Asph				
EDRS	P20 05/17	2000			1053			< 1 %	Asph				

Kraftstoffberechnung

P22	Flugzeit	Kraftstoff (l)
Reiseflug (Startort - Landeort) P23	1:03	42
Zuschlag, Anlassen, Rollen P24		5
An- und Abflug (mind. 10 min.) P25	:07	5
	:10	7
Ausweichflugplatz P20	:10	7
Reserve (mind. 30 min.)	:30	20
Mindest-Kraftstoffbedarf		86
Extra-Kraftstoff		81
Kraftstoff-Vorrat P26 max.	2:02	167
Sichere Flugzeit P27 (= max. Flugzeit minus 30 min.)	4:02	
Daten über Verbrauch:	3:32	

Masse-/Schwerpunkt-Berechnung
(Hebelarm s. Flughandbuch)

		Masse	Moment
Leermasse P29			
Kraftstoff, nicht ausfliegbar		722	653
Schmierstoff			
= Grundmasse P30		1554	1495
Sitzreihe 1		77	143
Sitzreihe 2		-	-
Sitzreihe 3			
Gepäck	Vorn	-	-
Ladung	Mitte		
	Hinten	73	177
Kraftstoff, ausfliegbar P31		120	250
Startmasse P32		1746	2268

Start- und Landestrecken-Berechnung

		Start		Landung	
		Roll-strecke(m)	Start-strecke(m)	Lande-strecke(m)	Roll-strecke(m)
Grunddaten aus AIP: P33					
Vorhandene Bahnlänge		✗	703	✗	800
Verfügb. Strecke (15 m) P34		703	703	800	800
aus Flughandbuch:					
Grundstrecken		276	465	402	200
Höhenzuschlag		enthalten	enthalten		
Temperaturzuschlag		enthalten	enthalten	nicht berücks.	nicht berücks.
Windeinfluß					
Neigungszuschlag					
Grasbahnzuschlag					
Oberflächenzuschlag					
Benötigte Strecke P35		~280	~470	~470	200

Natürlich wird der Wind auf der Strecke nicht exakt so wehen, wie vom Wetterdienst vorhergesagt. Spätestens beim nächsten Kontrollpunkt merken wir, daß wir uns zu weit nördlich oder südlich befinden, d.h., der Luvwinkel muß ein wenig kleiner oder ein wenig größer gewählt werden. Ist die Ablage vom Kontrollpunkt wider Erwarten sehr groß, so sollte man nicht auf „gut Glück" weiterfliegen, sondern erst einmal zum Kontrollpunkt fliegen und von dort aus entlang der in der Luftfahrtkarte eingezeichneten Kurslinie navigieren.

Wir fliegen nach Sicht und müssen nach anderen Luftfahrzeugen Ausschau halten, um Zusammenstöße zu vermeiden. Spätestens ab dem Kontrollpunkt „Grünstadt" ist besondere Aufmerksamkeit geboten, denn wir fliegen in den Bereich des großen Militärflugplatzes Ramstein ein. Auch wenn wir oberhalb der Kontrollzone fliegen, so müssen wir auch außerhalb der Kontrollzone mit An- und Abflugverkehr militärischer Luftfahrzeuge rechnen.

Nachdem wir den Militärflugplatz Ramstein passiert haben, schalten wir unser VOR-Empfangsgerät auf Saarbrücken VOR, Frequenz 113,85 MHz, hören ATIS (Automatic Terminal Information Service) ab und notieren uns den aktuellen QNH-Wert für die Einstellung des Höhenmessers.

Wir nähern uns dem Autobahnkreuz Saarbrücken. Unmittelbar daneben steht ein Hindernis, ein Kraftwerk mit einer Höhe von 1.782 ft MSL.

Die Autobahn in Richtung Saarlouis kommt in Sicht; wir sollten uns jetzt nah an der Autobahn halten, denn sie führt uns genau in Richtung zum Flugplatz Saarlouis. Wir beginnen den Sinkflug auf die Mindesthöhe von 2.800 ft MSL.

Etwa 4 min nach Überflug des Autobahnkreuzes (und damit 5 min vor dem Flugplatz Saarlouis) nehmen wir Kontakt mit „Saarlouis Info" auf der Frequenz 122,600 MHz auf.

Den letzten Kontrollpunkt Saarlouis überfliegen wir in 2.800 ft MSL. Der Flugplatz Saarlouis liegt in Flugrichtung vor uns, im Süden vom Flugplatz sind die Sendemasten (über 300 m über Grund hoch) klar zu erkennen. Wir beobachten den Verkehr in der Platzrunde, sinken auf die Platzrundenhöhe von 2.100 ft MSL und reihen uns in die Platzrunde ein.

Fliegt man einen Flugplatz zum ersten Mal an, so sollte man - wenn keine Regelung dem entgegensteht - über den Flugplatz fliegen und sich dann in den Gegenanflug einreihen. Das hilft, sich besser zu orientieren und den Anflug so einzuteilen, wie man es von „zu Hause" aus gewöhnt ist.

Nach der Landung notieren wir im Flugdurchführungsplan in Feld B9 die Landezeit (engl. Actual Time of Arrival, ATA). Der Flug ist erfolgreich abgeschlossen.

Nicht immer wird ein VFR-Flug so problemlos ablaufen. Die Wettersituation kann sich während des Fluges ändern, und die Windverhältnisse sind u.U. ganz anders als vorhergesagt. Liegen aufgrund terrestrischer Gegebenheiten die Kontrollpunkte sehr weit auseinander und bietet die Landschaft wenig markante Linien, so wird sich ein veränderter Wind sehr viel stärker auswirken können und die Ablage am nächsten Kontrollpunkt entsprechend groß sein. In einem solchen Fall kann es sinnvoll sein, den aktuellen Wind während des Fluges mit Hilfe des Navigationsrechners zu ermitteln und die Kurse entsprechend zu korrigieren.

Ein anderer Wind wird auch die Geschwindigkeit über Grund und damit die berechneten Flugzeiten verändern. Bei kurzen Flügen macht sich dies nur unwesentlich bemerkbar, bei Flügen von mehreren Stunden kann es allerdings zu größeren Zeitverschiebungen kommen. Problematisch wird es immer dann, wenn sich die Flugzeit so erheblich verlängert, daß die Kraftstoffreserven angegriffen werden müssen. Bei einer genauen Buchführung des Flugdurchführungsplanes wird man schnell auf die sich verändernde Flugzeit aufmerksam. Aufgrund der zurückgelegten Entfernung und der Flugzeit läßt sich im Fluge die effektive Geschwindigkeit über Grund errechnen und so ein neuer Zeitplan und ggf. eine neue Kraftstoffberechnung aufstellen.

Die Wettersituation kann einen auch dazu zwingen, den geplanten Flugweg zu verlassen und Umwege zu fliegen. Dann müssen im Cockpit neue Strecken überlegt, Kurse und Entfernungen abgetragen und auch eine neue Kraftstoffbedarfsrechnung durchgeführt werden. Da ist es gut, wenn man sich schon vor dem Flug Alternativrouten überlegt hat. Auf jeden Fall sollte man im Cockpit immer Bleistift, Kursdreieck und Navigationsrechner griffbereit haben.

Abb. 78: Ausschnitt Flugdurchführungsplan.

Temp./Taup. Temp./Dewp.	QNH	Tendenz / Weitere Information Trend / Additional Information				ETD 13:00 ATD 13:10
						ETA 14:03 ATA 14:13
						SS: 19:43 UTC

Entfernung Distance	Gesamt Accum.	VG GS	Zeiten Times	Gesamt Accum.	Sichere Flugzeit 3:32 (max. Flugzeit minus 30 min.)		
Abschnitt Leg.	Rest Remain.		Abschnitt Leg.	Rest Remain.	Überflugzeit Time overhead	Bemerkungen/Remarks Frequenzen/Frequencies	
	101			63	ETO / ATO		
9	92	78	07	56	17 / 16	FIS EDDF	
13	79	100	08	48	25 / 24	120.575	
18	61		11	37	36 / 35	123.525	
27	34		16	21	52 / 52		
20	14		12	09	04 / 03		
11	3		07	02	11 / 11		
3	0	↓	02	0	13 / 13		

Tips für die Flugplanung und Flugdurchführung

- Bereiten Sie Ihren Flug immer nach dem VFR-Flugdurchführungsplan vor; Sie können dann sicher sein, daß Sie eine sehr gründliche Flugvorbereitung gemacht haben.

- Schauen Sie sich die Flugstrecke auf der Karte genau an; das gibt Ihnen Sicherheit bei der Flugdurchführung.

- Achten Sie bei der Festlegung der Flughöhen auch auf den militärischen Tiefflug.

- Planen Sie immer eine Kraftstoffreserve für den Flug zum Ausweichflugplatz und eine zusätzliche Reserve von 30 min ein.

- Holen Sie bei kritischen Wetterlagen immer eine telefonische Wetterberatung ein. Es gilt: Im Zweifelsfall wird nicht geflogen!

- Das aktuelle VFR-Bulletin darf bei der Flugplanung nicht fehlen.

- Planen Sie einen Flug über größere Entfernungen, so nehmen Sie auch die Luftfahrtkarten der angrenzenden Gebiete mit. Es kann ja vorkommen, daß Sie einen größeren Umweg fliegen müssen.

- Falten Sie sich die Luftfahrtkarten so zusammen, daß sie eine handliche Größe bekommen und die Flugstrecken sinnvoll zeigen.

- Legen Sie sich die Navigationskarten, den Flugdurchführungsplan und Navigationsgeräte sorgfältig im Cockpit zurecht. Unordnung erschwert die Navigation (und das Fliegen).

- Notieren Sie sich genau die Überflugzeiten der Kontrollpunkte.

- Fliegen Sie immer rechts von der Autobahn.

- Unterschreiten Sie nicht die im Flugdurchführungsplan notierten Mindestflughöhen.

- Bei schlechter Sicht oder tiefen Wolken kehren Sie um. Da wo Sie herkommen, ist das Wetter besser.

- Sinken Sie erst auf Platzrundenhöhe, wenn Sie den Verkehr in der Platzrunde beobachten können.

- Vermeiden Sie möglichst Fluglärm.

- Haben sie die Orientierung verloren, behalten Sie die Nerven.

Orientierungsverlust

Trotz bester Flugvorbereitung und genauer Flugdurchführung kann es vorkommen, daß der Pilot die Orientierung verliert. Das, was man durch die Cockpitfenster sieht, stimmt nicht mehr mit dem überein, was die Luftfahrtkarte zeigt. Der markante Kontrollpunkt, der nach Flugplanung auftauchen müßte, ist nicht zu finden. Das kann jedem Piloten passieren und ist kein Grund, in Panik zu geraten. Der Wind kann das Flugzeug weit mehr als erwartet versetzt haben oder der Pilot hat einfach einen falschen Kurs gesteuert.

Es hilft nun nicht, in der Hoffnung weiterzufliegen, der Kontrollpunkt käme noch in Sicht; dabei kann man sich immer mehr „verfranzen". Besser ist es, mit dem Flugzeug zu kreisen und nach einem geographischen Anhaltspunkt zu suchen (z.B. Fluß, See, Autobahn, Flugplatz). Hat man einen solchen Punkt gefunden, muß er auf der Luftfahrtkarte gesucht werden; er müßte in der Nähe des Kontrollpunktes liegen.

Weiß man aus der Karte, daß nicht zu weit hinter dem unauffindbaren Kontrollpunkt eine große Auffanglinie liegt, z.B. ein Fluß oder eine Autobahn quer zur Kurslinie, so kann man natürlich bis dorthin weiterfliegen. Aber auch an dieser Auffanglinie muß man sich erst einmal orientieren und einen geographischen Bezug suchen. Liegt der letzte Kontrollpunkt, der sicher überflogen wurde, an einer markanten Auffanglinie, kann es auch richtig sein, umzukehren und zum letzten Kontrollpunkt zurückzufliegen. Ist dieser gefunden, wird von dort aus die Navigation neu aufgenommen. Natürlich kann man bei der Suche nach Orientierungspunkten auch Funknavigation einsetzen. Das Netz der Funknavigationsanlagen ist so dicht, daß man in der weiteren Umgebung immer eine Anlage findet. Am einfachsten ist es, unmittelbar zur Anlage hinzufliegen, um dort die Navigation neu aufzunehmen.

Ein besonderes Orientierungsproblem ergibt sich manchmal in unmittelbarer Nähe des Zielflugplatzes. Man fliegt diesen Flugplatz zum ersten Mal an. Bei Flugplatz-Info hat man sich schon über Funk gemeldet. Der Flugplatz müßte unmittelbar voraus liegen, aber die Sicht ist schlecht und keiner ist zu sehen. Viele Flugplätze haben einen Peiler, und man sollte in dieser Situation von Info eine Peilung anfordern. Aber auch schon das Einschalten des Flugplatzleuchtfeuers (engl. Aerodrome Beacon, ABN) kann helfen und dem Piloten anzeigen, wo der Flugplatz liegt. Flugplätze mit einem Flugplatzleuchtfeuer sind auf der Luftfahrtkarte mit einem Stern markiert.

Die Gefahr von Orientierungsverlust ist um so größer, je geringer die Sicht ist. Gerade bei schlechter Wetterlage muß die Navigation sehr sorgfältig durchgeführt werden. Da kann es sinnvoller sein, entlang markanter terrestrischer Linien (Fluß, Autobahn oder Eisenbahnlinie) zu fliegen, auch wenn dies einen Umweg bedeutet, anstatt der Kurslinie der Karte zu folgen. Wird das Wetter so schlecht, daß eine VFR-Navigation zweifelhaft wird, gibt es nur eines: Umkehren oder auf dem nächsten geeigneten Flugplatz landen.

Bei Orientierungsverlust braucht man nicht gleich die Nerven zu verlieren. Stimmen Flughöhe, Fluglage und Fluggeschwindigkeit und ist genügend Kraftstoff im Tank, kann in Ruhe das Problem gelöst werden. Weiß man einmal überhaupt nicht mehr weiter, sollte man über Funk Kontakt mit der Flugsicherung oder mit einem in der Nähe liegenden Flugplatz aufnehmen. Man wird von dort aus weiterhelfen.

Navigationsaufgabe

Im folgenden wird eine Navigationsaufgabe, wie sie im Rahmen der PPL-Prüfung vorkommen kann, im Detail beschrieben.

Die Aufgabe bezieht sich auf die Luftfahrtkarte ICAO 1:500.000, Blatt Frankfurt, Ausgabe 1994, und damit auf die zu dieser Zeit gültigen Flugsicherungsangaben.

Aufgabe

Planen und berechnen Sie einen Flug vom Verkehrslandeplatz Mosbach-Lohrbach zum Verkehrslandeplatz Aschaffenburg und von dort über Meldepunkt November zum Verkehrsflughafen Nürnberg.

Daten für den Flug

- Wetter: Wind in allen Höhen 090/10, Luftdruck QNH 1013 hPa
- Luftfahrzeug: Piper PA 38
- Leistungsdaten: Reiseflug V_E = 95 kt
- Kraftstoffverbrauch: 25 l/h
- Deviationstabelle:

030	060	090	120	150	180	210	240	270	300	330	360
+/-0	-01	-03	-01	+/-0	+01	+02	+03	+01	+03	+02	+01

1. Streckenabschnitt Mosbach-Lohrbach - Aschaffenburg

1. Berechnen Sie für die Direktstrecke: Mindesthöhe (500 ft, +/-5NM), rwK, mwSK, V_G und Flugzeit. Für den Steigflug gilt vereinfacht die Geschwindigkeit für den Reiseflug.

2. Welche Kontrollpunkte wählen Sie für die Strecke?

3. Welche Kraftstoffmenge wird für den 1. Streckenabschnitt benötigt, wenn für Rollen, Steigflug und Platzrunde ein Zuschlag von 5 l berücksichtigt wird?

4. Start in Mosbach-Lohrbach um 0900 UTC. Auf welchen Kompaßsteuerkurs (KSK) gehen Sie nach dem Start?

5. Etwa 10 NM nördlich vom Flugplatz Mosbach-Lohrbach steht eine befeuerte Hindernisgruppe. Wie hoch sind die Hindernisse über Grund (GND)?

6. Trotz genauer Einhaltung des Steuerkurses wird das Flugzeug vom Wind versetzt und überfliegt um 0909 UTC das Hindernis mit der Höhe 2.085 östlich vom Flugplatz Michelstadt. Wie groß ist die momentane V_G?

7. Sie fliegen über das in Aufgabe 6. genannte Hindernis in einer Flughöhe von 4.500 ft MSL. Befinden Sie sich im kontrollierten oder unkontrollierten Luftraum?

8. Können Sie die Flughöhe von 4.500 ft MSL bis zum Flugplatz Aschaffenburg ohne weiteres beibehalten? (Begründung)

9. Auf welcher Frequenz können Sie den Frankfurter Fluginformationsdienst (FIS) rufen?

10. Sie haben bereits Sprechfunkverbindung mit Aschaffenburg Info aufgenommen. Trotz intensiven Suchens können Sie den Verkehrslandeplatz Aschaffenburg nicht finden. Was können Sie tun?

11. Am Verkehrslandeplatz Aschaffenburg ist die Landebahn 08 in Betrieb. Wie groß ist die Landestrecke?

12. In welcher Höhe über dem Verkehrslandeplatz Aschaffenburg beginnt der kontrollierte Luftraum?

13. Im Osten des Verkehrslandeplatzes Aschaffenburg führt eine Autobahn vorbei. Ist diese Aussage richtig?

2. Streckenabschnitt Aschaffenburg - November - Nürnberg

14. Berechnen Sie für die Direktstrecke Verkehrslandeplatz Aschaffenburg - Meldepunkt November Mindesthöhe, rwK, mwSK, V_G und Flugzeit. Für den Steigflug gilt vereinfachend die Geschwindigkeit für den Reiseflug.

15. Welche Kontrollpunkte wählen Sie für die Strecke?

16. Welche Kraftstoffmenge wird für den 2. Streckenabschnitt benötigt, wenn für Rollen, Steigflug und Platzrunde ein Zuschlag von 5 l berücksichtigt wird?

17. Sie starten in Aschaffenburg um 1200 UTC und nehmen direkt Kurs auf November. Ihre Reiseflughöhe ist FL 55. Die Steigrate beträgt 400 ft/min. Nach wieviel NM werden Sie die Reiseflughöhe erreicht haben?

18. Was bedeutet die grün gepunktete Linie im Osten von Aschaffenburg?

19. Welchen Umkehrkurs (KSK) würden Sie fliegen, wenn Sie wegen Wetterverschlechterung umkehren müßten?

20. Obwohl Sie den in Aufgabe 14 errechneten Steuerkurs genau eingehalten haben, überfliegen Sie um 1225 UTC den Verkehrslandeplatz Würzburg-Schenkenturm.
    a) Berechnen Sie den aktuellen Wind.
    b) Wie wäre nach der 1:60-Regel der neue mwSK zum Meldepunkt November?

21. Ist der Verkehrslandeplatz Würzburg-Schenkenturm mit einem Peiler ausgerüstet?

22. Wie hoch müssen Sie ab Würzburg aufgrund der Luftraumstruktur mindestens fliegen?

23. Auf welcher Frequenz rufen Sie Nürnberg Turm?

24. Können Sie im Bereich Nürnberg ATIS empfangen?

25. Das Wetter hat sich verschlechtert; Sicht 7 km. In welcher Höhe dürfen Sie über dem Meldepunkt November maximal fliegen?

26. Auf der Sichtan-/abflugkarte Nürnberg ist vom Meldepunkt November zum Flughafen ein Kurs von 140° festgelegt. Um was für einen Kurs handelt es sich?

27. Sie müssen im Norden vom Flughafen Nürnberg halten. Führen Sie Links- oder Rechtskurven aus?

28. Landerichtung in Nürnberg 10. Bodenwind 070/15. Berechnen Sie Seiten- und Längswindkomponente.

29. Wie groß ist das höchste Hindernis auf der Sichtan-/-abflugkarte Nürnberg?

30. Füllen Sie einen Flugdurchführungsplan für den gesamten Flug aus.

Lösung

1. Streckenabschnitt Mosbach-Lohrbach - Aschaffenburg

1. Die Direktstreckenberechnung ergibt folgende Daten:
   ⇒ rwK 356°
   ⇒ L +6°
   ⇒ rwSK 002°
   ⇒ OM 1°W
   ⇒ mwSK 003°
   ⇒ V_G 95 kt
   ⇒ Flugstrecke von Flugplatzmitte zu Flugplatzmitte 33 NM
   ⇒ Flugzeit 0:21

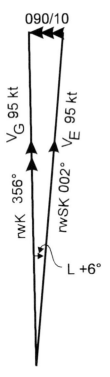

Die Mindesthöhe wird bestimmt durch die Hindernisgruppe etwa 10 NM nördlich vom Flugplatz Mosbach-Lohrbach mit einer Höhe von 2.872 ft MSL. Daraufhin ergibt sich eine Mindesthöhe für die gesamte Flugstrecke von 3.400 ft MSL (2.872 + 500 = 3.372, aufgerundet 3.400).

Nach Passieren der Hindernisgruppe könnte die Mindesthöhe sehr viel tiefer festgelegt werden. Es ist daher sinnvoll, die Strecke in mehrere Abschnitte einzuteilen (s. Flugdurchführungsplan).

2. Die Flugstrecke ist sehr kurz. Es bieten sich als Kontrollpunkte an:
   ⇒ Querab Michelstadt (Der Ort Michelstadt liegt links von der Strecke)
   ⇒ Querab Obernburg (Der Ort Obernburg liegt rechts von der Strecke), Flugstrecke kreuzt Fluß und Straße.

3. Aufgrund der Flugzeit 0:21 und des Kraftstoffstundenverbrauchs von 25 l/h ergibt sich ein Verbrauch von 8,7 l, aufgerundet 9 l, sowie zusätzlich 5 l, d.h. insgesamt 14 l.

4. Für den mwSK 003° (siehe Aufgabe 1) ergibt sich nach Deviationstabelle eine DEV +1° (1°E), der Kompaßsteuerkurs beträgt somit KSK 002°.

5. Das Hindernissymbol sagt aus, daß diese Hindernisse mindestens 300 m über Grund hoch sind.

6. ⇒ Flugzeit 0:09
   ⇒ Flugstrecke 16 NM
   ⇒ V_G 107 kt

7. Der Bereich um das Hindernis ist von keinem rosa oder blauen Farbband eingerahmt, d.h., der kontrollierte Luftraum beginnt dort in 2.500 ft GND. Unmittelbar unterhalb des Hindernisses ist ein Höhenpunkt mit 1.785 ft MSL eingezeichnet, d.h., in bezug auf

MSL beginnt der kontrollierte Luftraum in 4.285 ft MSL. Fliegen Sie in einer Höhe von 4.500 ft MSL, so befinden Sie sich im kontrollierten Luftraum.

8. Nein. Der Flugplatz Aschaffenburg liegt unterhalb vom Luftraum C Frankfurt mit einer Untergrenze von 3.500 ft MSL in diesem Bereich. Auf dem Weg von Mosbach-Lohrbach nach Aschaffenburg muß daher etwa ab dem Segelfluggelände Vielbrunn eine Flughöhe unterhalb von 3.500 ft MSL eingehalten werden. Es sei denn, man erhält eine Freigabe der Flugsicherung für den Durchflug durch den Luftraum C.

9. Im Bereich von Mosbach-Lohrbach auf 120,575 MHz, im Bereich von Aschaffenburg auf 119,150 MHz (Luftfahrtkarte, unterer Rand, links).

10. Bitten Sie „Aschaffenburg Info", das Flugplatzleuchtfeuer einzuschalten oder lassen Sie sich eine Peilung zum Flugplatz geben. Verfügt Ihr Flugzeug über einen VOR-Empfänger, so können Sie auch das unmittelbar in Platznähe liegende Funkfeuer Charlie VOR ansteuern (nähere Erläuterungen hierzu siehe Band 3 „Funknavigation").

11. Landestrecke 653 m. (Landebahn 08 hat eine versetzte Schwelle, siehe Flugplatzkarte Aschaffenburg).

12. Der Flugplatz liegt unterhalb des rosa umrandeten Luftraums Klasse E, d.h., der kontrollierte Luftraum beginnt in 1.000 ft GND bzw. in 1.410 ft MSL (Flugplatzhöhe 410 ft MSL).

13. Nein. Rote Doppellinien auf der Luftfahrtkarte stellen nicht nur Autobahnen, sondern auch Schnellstraßen dar. Hier handelt es sich um die autobahnähnlich ausgebaute Bundesstraße 469.

2. Streckenabschnitt Aschaffenburg - November - Nürnberg

14. Die Direktstreckenberechnung ergibt folgende Daten (Zeichnung unten):
    ⇒ rwK 106°
    ⇒ L -2°
    ⇒ rwSK 104°
    ⇒ OM 1°W
    ⇒ mwSK 105°
    ⇒ V_G 86 kt
    ⇒ Flugstrecke 76 NM
    ⇒ Flugzeit 0:53

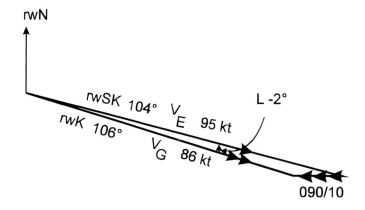

Die Mindesthöhe für die gesamte Strecke wird bestimmt durch das Hindernis auf dem Geiersberg mit 2.326 ft MSL, aufgerundet 2.900 ft MSL (s. Flugdurchführungsplan).

15. ⇒ Kreuzung Flugstrecke mit Autobahn (A3) in der Nähe vom Geiersberg
    ⇒ Autobahnkreuz Biebelried (A3/A7) zwischen Würzburg und Kitzingen
    ⇒ Kreuzung Flugstrecke mit Fluß Aisch, Straße und Eisenbahn, nordöstlich Neustadt a.d. Aisch

16. ⇒ Flug Aschaffenburg - November (0:53): 22 l
    ⇒ Flug November - Flugplatz Nürnberg: ca. 3 l (8 NM = ca. 0:06)
    ⇒ Zuschlag: 5 l
    ⇒ Kraftstoffbedarf: 30 l

17. Die Steighöhe vom Flugplatz Aschaffenburg 410 ft MSL auf 5.500 ft MSL (= FL 55 bei 1.013 hPa) beträgt 5.090 ft, d.h. Steigzeit etwa 13 min (Steigrate 400 ft/min). Bei einer V_G 86 kt (für den Steigflug gilt hier vereinfacht die Reiseflug-Geschwindigkeit) wird in 13 min eine Distanz von 18 NM zurückgelegt. D.h., 18 NM nach Abflug in Aschaffenburg wird die Reiseflughöhe erreicht.

Da im Bereich von Aschaffenburg der Luftraum C in 3.500 MSL beginnt, muß darauf geachtet werden, daß beim Steigflug auf FL 55 nicht in diesen Luftraum eingeflogen wird. Bei einer Steigrate von 400 ft/min und einer V_G von 86 kt verläuft der Flugweg unterhalb vom Luftraum C.

18. Die grün gepunkteten Linien begrenzen die Gebiete des Luftraums C mit verschiedenen Untergrenzen. In diesem Fall beginnt westlich der Linie der Luftraum C in 3.500 ft MSL, östlich der Linie dagegen in FL 65.

19. Wenn man den Umkehrkurs sucht, also den Kurs, der das Flugzeug dahin bringt, wo es herkam, so kann man nicht einfach den augenblicklich anliegenden KSK umkehren, d.h. 180° addieren oder subtrahieren. Man muß dabei auch den Luvwinkel und ggf. die Deviation (bei Verwendung des Magnetkompasses) berücksichtigen. Bei diesem Flug ist der rwK 106°, die Umkehrung 286°; der Luvwinkel beträgt nun etwa L +2°, OM 1°W, DEV gemäß Deviationstabelle etwa +2°. Es ergibt sich somit ein Umkehrkurs von KSK 287° (Zeichnung unten).

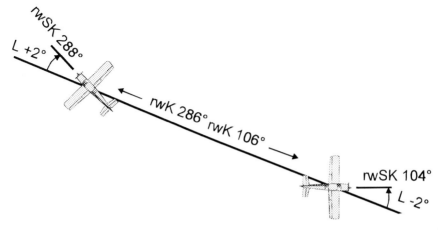

20. a) Der aktuelle Wind wird mit Hilfe des Winddreiecks bestimmt. Der Steuerkurs-Vektor ist mit rwSK 104° (vgl. Aufgabe 14) und V_E 95 kt bestimmt, der Kurs-über-Grund-Vektor mit rwK 102° (aus Luftfahrtkarte: Kurs Aschaffenburg - Würzburg-Schenkenturm) und V_G 79 kt (aus Flugzeit 0:25 und Flugstrecke 33 NM). Das Winddreieck sieht dann so aus (Wind 114°/16 kt):

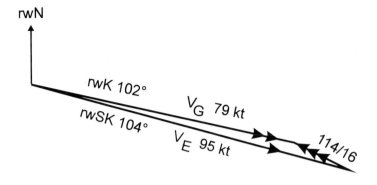

b) ⇒ Seitliche Versetzung: 1,5 NM
⇒ Geflogene Entfernung: 33 NM
⇒ Restentfernung: 43 NM
⇒ Kursverbesserungswinkel auf Parallelkurs = 60 x 1,5 : 33 = 3°
⇒ Zusätzl. Kursverbesserungswinkel zum Zielort = 60 x 1,5 : 43 = 2°
⇒ „Alter" mwSK 105°
⇒ Neuer mwSK 110°

21. Nein. Die Frequenz von Würzburg-Info ist nicht unterstrichen.

22. Sie passieren nach Würzburg die Kontrollzone Kitzingen in 2.600 ft MSL. Sie müssen die Kontrollzone höher als 2.600 ft MSL überfliegen; es sei denn, Sie erhalten eine Freigabe zum Durchflug durch die Kontrollzone.

23. Nürnberg Turm 118.300 Mhz (siehe Sichtan-/abflugkarte Nürnberg).

24. Ja, auf Frequenz 124,325 (siehe Sichtan-/abflugkarte Nürnberg).

25. Der Meldepunkt liegt im kontrollierten Luftraum Klasse E mit Untergrenze 1.000 ft GND. Da mit 7 km Flugsicht nicht die Minima für diesen Luftraum erfüllt sind, muß unter 1.000 ft GND, etwa 2.100 ft MSL (s. Sichtan-/abflugkarte Nürnberg), gesunken werden.

26. ⇒ mwK über Grund (MT)

27. Linkskurven (siehe Sichtan-/abflugkarte Nürnberg)

28. ⇒ Seitenwindkomponente 8 kt (links)
⇒ Längswindkomponente 13 kt

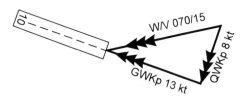

29. ⇒ 2.218 ft MSL (eingerahmte Höhe am unteren Rand der Sichtan-/-abflugkarte Nürnberg)

Sichtanflugkarte Visual Approach Chart	Höhe ü. NN 410 ELEV	**ASCHAFFENBURG** **EDFC**
FIS FRANKFURT RADAR 119.150	VDF (QDM) 122.675	ASCHAFFENBURG INFO 122.675 En/Ge (15 NM 3000 ft)

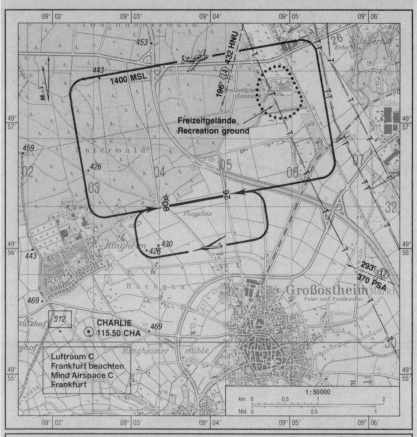

Berichtigung: Info, VDF.
Correction: Info, VDF.

Achtung:
Überflug von Flugplatz Babenhausen 4 NM WNW (Segelflug-Windenstarts) unter 2500 MSL vermeiden.
Überflüge der umliegenden Ortschaften, sowie des nordöstlich gelegenen Freizeitgeländes sind ebenfalls zu vermeiden.

Attention:
Avoid overflying of Babenhausen AD 4 NM WNW (glider winch launching) below 2500 MSL.
Overflying of the surrounding villages and of the recreation ground to the north east shall be avoided also.

29 APR 1993   DFS DEUTSCHE FLUGSICHERUNG GMBH

ASCHAFFENBURG EDFC

49 56 24 N
09 03 49 E

Flugplatzkarte / Aerodrome Chart

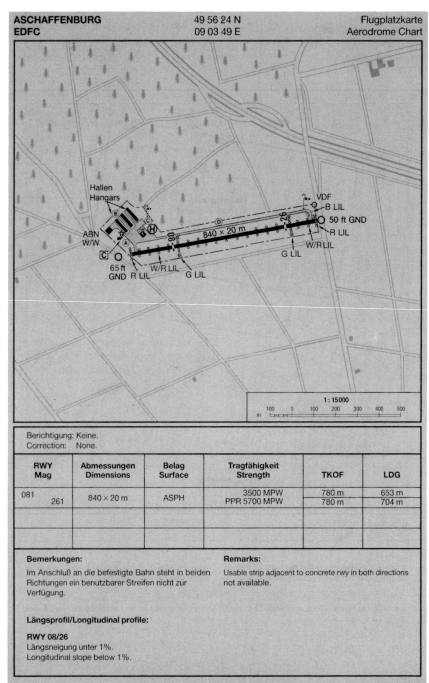

Berichtigung: Keine.
Correction: None.

RWY Mag	Abmessungen Dimensions	Belag Surface	Tragfähigkeit Strength	TKOF	LDG
081 261	840 × 20 m	ASPH	3500 MPW PPR 5700 MPW	780 m 780 m	653 m 704 m

Bemerkungen:
Im Anschluß an die befestigte Bahn steht in beiden Richtungen ein benutzbarer Streifen nicht zur Verfügung.

Remarks:
Usable strip adjacent to concrete rwy in both directions not available.

Längsprofil/Longitudinal profile:

RWY 08/26
Längsneigung unter 1%.
Longitudinal slope below 1%.

DFS DEUTSCHE FLUGSICHERUNG GMBH   29 APR 1993

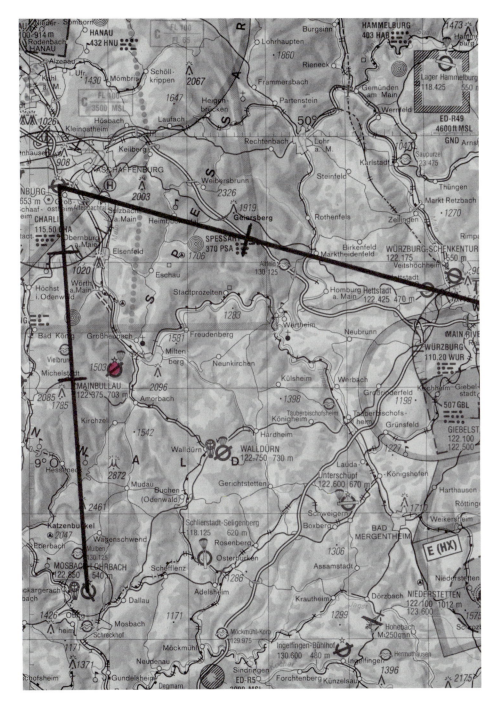

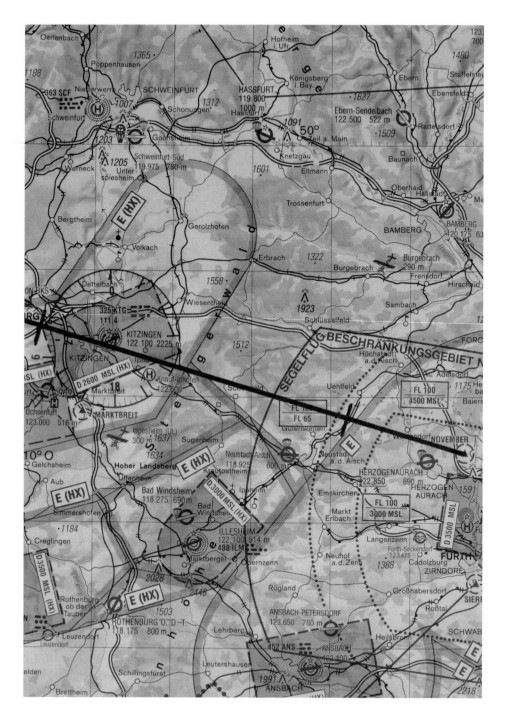

| Sichtan-/abflugkarte Visual Approach/Departure Chart | Höhe ü. NN 1045 ELEV | NÜRNBERG EDDN |

FIS NÜRNBERG INFORMATION 127.975 En/Ge
ATIS 124.325 En
TOWER/TURM 118.300 En/Ge QDM O/R
EMERG/NOTFREQ 121.500 En/Ge
NÜRNBERG GROUND/ROLLKONTROLLE 118.100

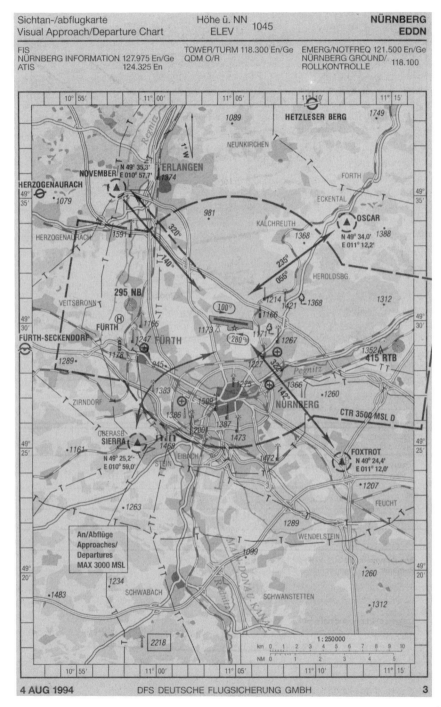

4 AUG 1994   DFS DEUTSCHE FLUGSICHERUNG GMBH

Flugplatzkarte / Aerodrome Chart — NÜRNBERG EDDN

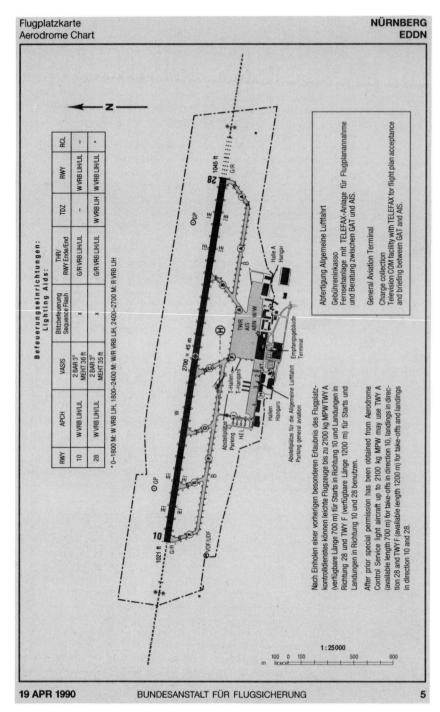

19 APR 1990 — BUNDESANSTALT FÜR FLUGSICHERUNG

Flugdurchführungsplan VFR

Kontrollpunkte/Checkpoints	Sicher.-Höhe Safe Alt.	Geplante Flughöhe od. FL Planned Cruis. Alt.	Wind V/Wind S VE TAS	Wind W/V	Wolken Clouds rwk TC	L WCA	MW VAR	mwSK MH	mwK MC	Entfernung Distance Abschnitt Leg	Gesamt Rest Remain.	GS	Zeiten Times Abschnitt Leg	Gesamt Rest Remain.
EDGM	3400	4000	95	030/10	0356°	6°W		003°		16	33			
Michelstadt	2700	3500	→	→	→			→		12	17	95	20	27
Fl.A/Straße										6	6		07	04
EDFC	1700	2000				-					0		04	0
EDFC	2300	1									23			58
BAB/Geiersberg	2700	55	55	030/10	706°	-2°W	-2°	705°		17	66	86	12	46
BAB/Würzburg	2700	55	→	→	→	-2°	0°	705°		23	43	→	16	30
Fl.A Aisch	1700	3000	→	→	→	-2°	0°	704°		26	17	→	18	12
November	2700	3000	→	→	740°	-5°	0°	705°		10	7	88	07	05
EDDN								235°		7	0		05	0

Flugsicherungs-Beratung

V5

Wetter-Beratung

V6

GAFOR ☐ : / Individuelle Beratung: (gültig bis __:__ UTC)

V7	Bahn-richtg.	Bahn-länge (m)	Strecke (15 m)	Kraftstoff (l)	Höhe (ft)	Temp (°C)	Wind (Kt)	Neigung +/−	Belag	Gras-bahn	Oberflächenzustand	Beschränkungen
Flugplatz-Daten aus AIP												
P1												
P21												
P20												

Kraftstoffberechnung	Flugzeit	Kraftstoff (l)
Reiseflug (Startort - Landeort) P23		
Zuschlag: Anlassen, Rollen, Steigflug P24 P25		
An- und Abflug (mind. 10 min.)		
Ausweichflugplatz P20		
Reserve (mind. 30 min.)		
Mindest-Kraftstoffbedarf		
Extra-Kraftstoff		
Kraftstoff-Vorrat P26 max.		
Sichere Flugzeit P27 (= max. Flugzeit minus 30 min.)	__:__	
Daten über Verbrauch:		

Masse-/Schwerpunkt-Berechnung (Hebelarm s. Flughandbuch)	Masse	Moment
Leermasse P29		
Kraftstoff, nicht ausfliegbar		
Schmierstoff		
= Grundmasse P30		
Sitzreihe 1		
Sitzreihe 2		
Sitzreihe 3		
Gepäck / Ladung — Vorn / Mitte / Hinten		
Kraftstoff, ausfliegbar P31		
Startmasse P32		

Start- und Landestrecken-Berechnung P33	Start		Landung	
	Roll-strecke(m)	Start-strecke(m)	Lande-strecke(m)	Roll-strecke(m)
Grunddaten aus AIP:				
Vorhandene Bahnlänge			✗	✗
Verfügb. Strecke (15 m) P34	✗			
aus Flughandbuch:				
Grundstrecken				
Höhenzuschlag				
Temperaturzuschlag				
Windeinfluß				
Neigungszuschlag				
Grasbahnzuschlag				
Oberflächenzuschlag				
Benötigte Strecke P35				

Kapitel 11
Anhang

Lösungen zu den Kontroll- und Übungsaufgaben

Kapitel 2 „Erde"

1. West → Ost; vom Nordpol aus gesehen entgegen dem Uhrzeigersinn.

2. 40.000 km = 21.600 NM.

3. Das geographische Koordinatensystem besteht aus Breitenkreisen (Kleinkreise parallel zum Äquator) und Längenkreisen (Großkreishälften von Pol zu Pol).

Vom Äquator (0° Breite) aus werden die Breitenkreise von 0° bis 90° nach Nord und Süd und vom Greenwich-Meridian (0° Länge) die Längenkreise von 0° bis 180° nach Ost und West gezählt.

4. 47°N und 55°N, 6°E und 15°E.

5. Da die Mittelpunkte der Breitenkreise nicht im Erdmittelpunkt liegen (Ausnahme: Äquator), sind die Breitenkreise keine Großkreise, sondern Kleinkreise.

6. 53°37´55´´ Ort A
    50°02´04´´ Ort B
    03°35´51´´ Breitenunterschied.

7. Die „NM" wird vom Erdumfang abgeleitet. 1 NM ist der 21.600ste Teil des mittleren Erdumfangs.

8. Da der Ort B nördlich vom Ort A liegt, ist die geographische Länge gleich der vom Ort A.

Die geographische Breite vom Ort B ist um 3° höher (180 NM = 3°, da 60 NM = 1° auf einem Längenkreis) als die vom Ort A.

Die geographischen Koordinaten vom Ort B sind somit: 51°54´30´´N 08°14´40´´E.

9. Da der Ort B östlich des Ortes A liegt, ist die geographische Breite gleich der des Ortes A.

Die geographische Länge vom Ort B ist um 6° größer als die des Ortes A.

In 60°N entspricht wegen der Abweitung 1° Längenunterschied 30 NM, d.h. 180 NM = 6°.

Die geographischen Koordinaten des Ortes B sind somit:
60°00´00´´N 18°00´00´´E.

10. Bezugsrichtung Nord.

11. SW = 225°.

12. Orthodrome ist die kürzeste Verbindung zwischen zwei Orten auf der Erde (Großkreisbogen).

Loxodrome ist eine Linie konstanten Kurses zwischen zwei Orten auf der Erde (Kursgleiche).

13. Äquator, Längenkreise.

14. Am mittleren Meridian (Mittelmeridian).

15. 53°37,9´N 09°59,4´E.

Kapitel 3 „Zeit"

1. Durch die Schräge der Erdachse zur Erdumlaufbahn.

2. In München (die Sonne steht über dem südlichen Wendekreis).

3. Der Sonnentag (eine Erdumdrehung in bezug zur Sonne) ist von Tag zu Tag verschieden lang. Das Mittel aller Sonnentage ist der mittlere Sonnentag, er dauert genau 24 Stunden.

4. Wenn wir 1200 Uhr sagen, so meinen wir damit 1200 MEZ (oder im Sommer 1200 MESZ). Um 1200 MEZ erreicht die Sonne den höchsten Stand über 15°E (im Sommer über 30°E).

Da Frankfurt weiter westlich liegt, kann die Sonne um 1200 mittags noch nicht den höchsten Stand erreicht haben.

5. Um 1200 MEZ erreicht die Sonne über 15°E den höchsten Stand. München liegt um 3°30´ weiter westlich. 3°30´ entsprechen 14 min.

Die Sonne wird in München erst um 1214 MEZ den höchsten Stand erreichen.

6. Um 1200 MEZ stand die Sonne über 15°E. Jetzt ist 1800 MEZ, die Sonne ist also um 6 Stunden entsprechend 90° „weitergewandert", d.h., die Sonne steht über 75°W. (Übrigens, die Angabe 10°E in der Aufgabe spielt gar keine Rolle).

7. Natürlich auch 0800 UTC!

8. 15°03´ - 05°54´ = 09°09´ = 37 min.

9. Öffnung: 0900 MESZ
Schließung: 30 min nach Sonnenuntergang, aber spätestens um 2100 MESZ.

10. Der Längenunterschied zwischen Egelsbach und Saarbrücken beträgt 01°32´04´´, das entspricht 6 min, d.h., in Saarbrücken geht die Sonne 6 min später unter als in Egelsbach (beide Orte liegen ungefähr auf der gleichen Breite).

SS in Saarbrücken 1936 UTC = 2136 MESZ.

11. UTC.

12. 21. Juni (Sommeranfang).

13. Gemäß Tabelle in Abb. 23 ist am 05. Mai in Kassel Sonnenuntergang um 1849 UTC, die Nacht beginnt 30 min später um 1919 UTC (2119 MESZ).

14. Wird für die Luftfahrt im AIC (Aeronautical Information Circular) veröffentlicht.

15. SS +30 min bis SR -30 min.

Kapitel 4 „Luftfahrtkarten"

1. Die Erde ist eine Kugel. Eine Kugeloberfläche kann nicht plan in eine Ebene ausgebreitet werden.

2. Unter „Kartenprojektion" versteht man das Übertragen der Erdoberfläche bzw. von Teilen der Erdoberfläche auf Kartenblätter.

3. Maßstabstreue: Längen auf der Erde werden im gleichen Maßstab auf der Karte verkleinert dargestellt.

Winkeltreue: Winkel auf der Erde werden als gleich große Winkel auf der Karte dargestellt.

4. 1:500.000.

5. Der Abstand zwischen 50°N und 51°N beträgt auf der Erde 60 NM, auf der Karte 11 cm. 60 NM = 111 km = 11.100.000 cm.

Das Verhältnis beträgt also
11 cm : 11.100.000 cm, der Maßstab rund 1:1.000.000.

6. Quasi maßstabstreu, winkeltreu, Breitenkreise konzentrische Kreise, Längenkreise konvergierende Geraden, Großkreis annähernd gerade Linie, Kursgleiche äquatorwärts gekrümmte Linie.

7. Wegen ihrer günstigen Eigenschaften im Vergleich zu anderen Projektionen, insbesondere annähernde Maßstabstreue und Winkeltreue.

8. Die Bezugsbreitenkreise stehen am Kartenrand oben rechts.

Es sind die gleichen wie für das Kartenblatt Frankfurt: 50°N und 54°N.

9. Luftfahrtkarten sollten nicht nur winkeltreu, sondern auch maßstabstreu und damit formtreu sein. Die Merkatorkarte stellt die Erde verzerrt dar und ist nicht maßstabstreu.

10. Ja; vor allem die polarstereographische Projektion.

11. Die Koordinaten der linken unteren Ecke der Karte (47°N 10°E).

12. Die Luftfahrtkarte ICAO 1:500.000 der Bundesrepublik Deutschland besteht aus 8 Kartenblättern, die Luftfahrtkarten von Österreich und der Schweiz aus je einem.

13. Lambertsche Schnittkegelprojektion.

14. Die auf der Luftfahrtkarte eingezeichnete Gerade zwischen zwei Orten stellt annähernd einen Großkreisbogen dar.

Will man von einem Ort zum anderen entlang einer Kursgleiche fliegen, also einen konstanten Kurs steuern, so muß man diesen Kurs am Meridian in der Mitte zwischen den beiden Orten (Mittelmeridian) abnehmen, denn am Mittelmeridian ist der Kurs des Großkreisbogens gleich dem Kurs der Kursgleiche.

15. Der rechtweisende Kurs (rwK) ist der Winkel zwischen rechtweisend Nord (rwN) und der Richtung des beabsichtigten Flugweges, gemessen im Uhrzeigersinn. Man nennt diesen Kurs auch Kartenkurs.

16. Nein. Die Erklärung hierfür ergibt sich aus der Antwort zur Frage 14.

Da die eingezeichnete Gerade annähernd einen Großkreisbogen darstellt, ist der am Abflugort abgenommene Kurs ein Großkreiskurs. Der Kurs 105° würde nördlich am Zielort vorbeiführen.

17. rwK 0123°, 16 NM.

18. Der Flugplatz Breitscheid verfügt über zwei Start- und Landebahnen. Das Flugplatzsymbol auf der Luftfahrtkarte zeigt immer nur eine Bahn (die längere).

19. Der kontrollierte Luftraum Klasse E über dem Flugplatz Breitscheid beginnt in 2.500 ft GND, in bezug auf MSL in 4.333 ft MSL.

20. Legende:

1 Steinbruch

2 Flugplatz mit Grasbahn

3 Geländepunkt, Höhe 1.686 ft MSL

4 250-ft-Tieffluggebiet

5 Freiballonstartplatz

6 Segelfluggelände

7 Tiefflugschutzzone

8 Flugbeschränkungsgebiet ED-R 22

9 Kloster

10 Grenze zwischen den Fluginformationsgebieten Frankfurt und Düsseldorf.

Zum Thema „Luftfahrtkarten" sind auf den folgenden vier Seiten beispielhaft die Sichtanflugkarten und Flugplatzkarten von Breitscheid und Betzdorf-Kirchen abgebildet.

Sichtanflugkarte
Visual Approach Chart

Höhe ü. NN
ELEV 1833

BREITSCHEID
EDGB

FIS
FRANKFURT INFORMATION
124.725

BREITSCHEID INFO
122.600 Ge (15 NM 3000 ft)

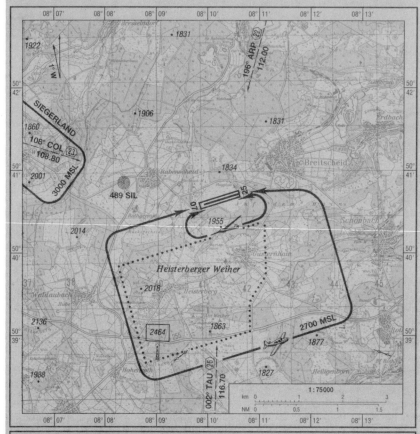

Berichtigung: Bemerkung.
Correction: Remark.

Die in der Umgebung des Landeplatzes liegenden Wohngebiete sowie das Naherholungsgebiet "Heisterberger Weiher" sind besonders lärmempfindlich; der Überflug, ausgenommen in der vorgeschriebenen Platzrunde, ist unbedingt zu vermeiden.
Im Westen des Platzes ist auf den an- und abfliegenden Verkehr des Flugplatzes Siegerland zu achten.

The communities in the vicinity of the airfield as well as the recreation area "Heisterberger Weiher" are highly noise-sensitive areas; with exception of the prescribed traffic circuit avoid overflying under any circumstances.
Attention shall be paid to approaching and departing traffic in the W of the aerodrome Siegerland.

13 MAY 1993   DFS DEUTSCHE FLUGSICHERUNG GMBH   3

| BREITSCHEID | 50 40 50 N | Flugplatzkarte |
| EDGB | 08 10 25 E | Aerodrome Chart |

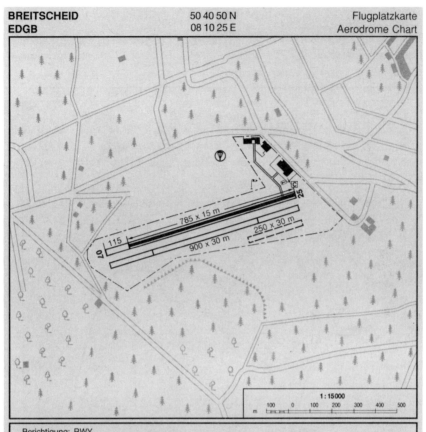

Berichtigung: RWY.
Correction: RWY.

RWY Mag		Abmessungen Dimensions	Belag Surface	Tragfähigkeit Strength	TKOF	LDG
075		900 × 30 m	Gras	3500 MPW	900 m	900 m
	255	785 × 15 m	ASPH	PPR 5700 MPW	900 m	900 m
075				Do 228, C 160	630 m	580 m
	225	900 × 30 m	Gras	Let 410	580 m	630 m

Bemerkungen/Remarks:

Der Startlauf aller Luftfahrzeuge – ausgenommen Drehflügler – hat stets am Bahnanfang auf Gras zu beginnen. Ein nahtloser Übergang Gras/ASPH ist vorhanden.

Take-off run of all aircraft – except rotorcraft – shall always start on the grass portion at the beginning of the runway. A smooth transition grass/ASPH is available.

Längsprofil/Longitudinal profile:

RWY 07/25
Längsneigung unter 1%.
Longitudinal slope below 1%.

DFS DEUTSCHE FLUGSICHERUNG GMBH   13 MAY 1993

| Sichtanflugkarte | Höhe ü. NN | 1126 | **BETZDORF-KIRCHEN** |
| Visual Approach Chart | ELEV | | **EDKI** |

FIS
DÜSSELDORF RADAR
120.900

BETZDORF INFO
122.750 Ge (15 NM 3000 ft)

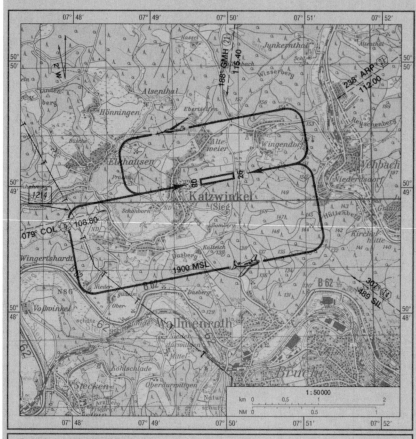

Berichtigung: Mißweisung, Topographie.
Correction: Variation, topo.

Die umliegenden Ortschaften, insbesondere Katzwinkel und Wingendorf, sind lärmempfindliche Gebiete. Ein Überflug ist möglichst zu vermeiden.

The surrounding villages, especially Katzwinkel and Wingendorf, are noise-sensitive areas. Overflying shall be avoided as far as possible.

13 JUL 1989   BUNDESANSTALT FÜR FLUGSICHERUNG   3

Flugplatzkarte 50 49 10 N **BETZDORF-KIRCHEN**
Aerodrome Chart 07 50 00 E **EDKI**

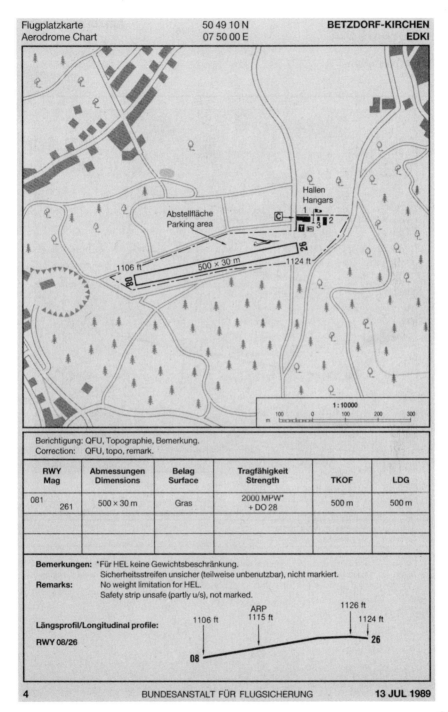

Berichtigung: QFU, Topographie, Bemerkung.
Correction: QFU, topo, remark.

RWY Mag	Abmessungen Dimensions	Belag Surface	Tragfähigkeit Strength	TKOF	LDG
081 261	500 × 30 m	Gras	2000 MPW* + DO 28	500 m	500 m

Bemerkungen: *Für HEL keine Gewichtsbeschränkung.
Sicherheitsstreifen unsicher (teilweise unbenutzbar), nicht markiert.
Remarks: No weight limitation for HEL.
Safety strip unsafe (partly u/s), not marked.

Längsprofil/Longitudinal profile:
RWY 08/26

08 → 1106 ft   ARP 1115 ft   1126 ft → 1124 ft → 26

4 BUNDESANSTALT FÜR FLUGSICHERUNG **13 JUL 1989**

Kapitel 5 „Windeinfluß"

1. Windstille, Gegenwind, Rückenwind.

2. Bei Windstille ist $V_G = V_E = 120$ kt
(180 NM in 1:30).
Bei Wind ist $V_G = 90$ kt
(180 NM in 2:00).
Es wehte also ein Gegenwind mit 30 kt.

3. Luvwinkel L -3°.

4. Bei gleichem Wind muß ein langsames Flugzeug um einen größeren Luvwinkel vorhalten als ein schnelleres Flugzeug (Man kann sich das so vorstellen: auf das langsamere Flugzeug wirkt der Wind länger). Da der Wind von links kommt, muß das langsamere Flugzeug stärker, das schnellere Flugzeug weniger stark nach links vorhalten, d.h., das schnellere Flugzeug steuert den größeren Steuerkurs.

6. L -10°, rwSK 148°, V_G 84 kt.

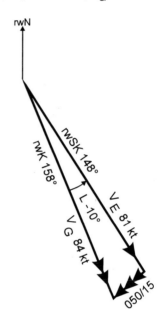

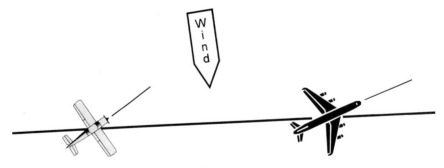

5. Das unten dargestellte Winddreieck zeigt es deutlich: V_G ist größer als V_E.

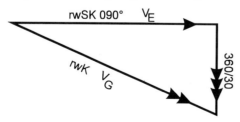

7. L +10°
rwSK 258°
V_G 125 kt

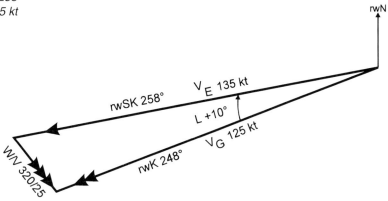

8. L -14°
rwSK 069°
V_G 164 kt

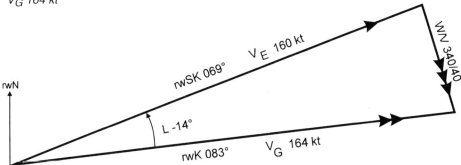

9. WE = Winkel zwischen rwSK und WR;
WE +170°.

10. Es sind gegeben: rwK 170°, V_G 105 kt
(aus 20 min und 35 NM), rwSK 156° (aus
rwK 162° und L -6°), V_E 100 kt
Ergebnis: Wind 062/25
(Zeichnung nächste Seite oben).

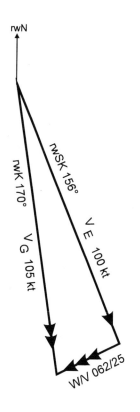

12. Die Längswindkomponente verkürzt die Lande- und Startstrecke bzw. die Lande- und Startrollstrecke.

Die Querwindkomponente erschwert das sichere Führen des Flugzeuges entlang der Start- und Landebahn. Starts- und Landungen sind nur bis zu einer bestimmten (im Flughandbuch festgelegten), maximalen Seitenwindkomponente zugelassen.

13. Gegenwindkomponente 8 kt
Seitenwindkomponente 13 kt (von rechts).

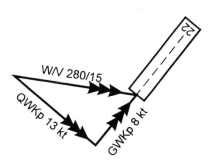

11.

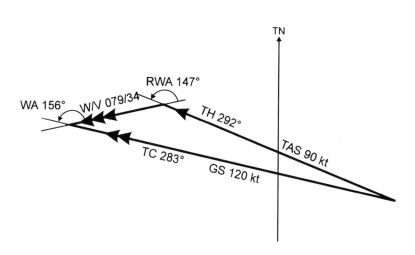

14. Gegenwindkomponente
= cos 60° x 10 kt = 0,5 x 10 kt = 5 kt
Seitenwindkomponente = sin 60° x 10 kt
= 0,866 x 10 kt = 9 kt (von rechts).

15. Gegenwindkomponente 15 kt
Seitenwindkomponente 13 kt (von rechts).

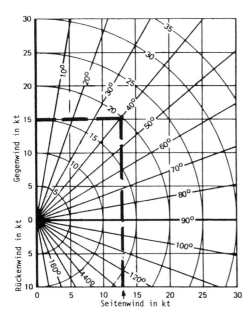

Kapitel 6 „Magnetkompaß"

1. Nach Kompaß-Nord.

2. Unterbrochene blaue Linien..

3. 1°E bis 2°W.

4. Größer.

5. Theoretisch kann die OM 180° groß werden, wenn man sich genau zwischen geographischem und magnetischem Nordpol befindet.

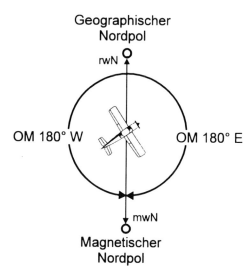

6. In Deutschland im Bereich zwischen 11°E und 12°E.

7. „Inklination" ist der Winkel, um den die erdmagnetischen Feldlinien gegenüber dem Horizont geneigt sind.

8. Über den magnetischen Polen.

9. Der „magnetische Äquator" ist die Linie mit der Inklination 0°, diese Linie wird auch „Akline" genannt.

10. Der Magnetkompaß im Flugzeug zeigt den Kompaßsteuerkurs (KSK, engl. Compass Heading, CH) an.

11. Das Störmagnetfeld im Flugzeug überlagert sich mit dem Erdmagnetfeld.

Durch diese Überlagerung ergibt sich in verschiedenen Richtungen eine verschieden starke Kompaßablenkung (Deviation).

12. Der Magnetkompaß kann erheblich aus seiner Richtung abgelenkt werden, denn im Kopfhörer befinden sich magnetische bzw. magnetisierte Teile.

13. Mißweisung, Deklination.

14. Im Laufe eines Jahres kann sich der Störmagnetismus des Flugzeugs durch verschiedene Einflüsse ändern, d.h., die Deviation ändert sich.

Einmal im Jahr wird daher der Magnetkompaß kompensiert.

15. Kurve um etwa 30° später beenden, d.h. bei der Anzeige 150°.

16. Kurve um etwa 20° früher beenden, d.h. bei der Anzeige 010°.

17. Beim Übergang in den Steigflug tritt im allgemeinen eine kurze Verzögerung des Flugzeuges ein, d.h., die Kompaßanzeige zeigt zu weit südlich an; bei Ostkurs also mehr als 090°.

18. Inklination und Aufhängung der Magnetnadeln (nicht im Schwerpunkt).

19. Der Pilot muß die Fehler des Magnetkompasses kennen, damit er zum einen den richtigen Kurs fliegt und zum anderen beim Einstellen des Kurskreisels nicht die Fehler des Magnetkompasses überträgt.

20. Der Pilot stellt am Kurskreisel den momentan am Magnetkompaß anliegenden KSK unter Berücksichtigung der Deviation als mwSK ein.

Um nicht Dreh- und Beschleunigungsfehler zu übertragen, muß der Magnetkompaß im unbeschleunigten Geradeausflug und vor dem Start, am besten in Startposition, abgelesen werden.

Kapitel 7 „Kurse"

1. rwK   028°
   L   +10°
   rwSK   038°
   OM   2°W
   nwSK   040°
   DEV   5°E
   KSK **035°**

2. rwK   280°
   L   -10°
   rwSK   270°
   OM   10°E
   mwSK   260°
   DEV   4°W
   KSK **264°**

3. (Zeichnung rechte Seite oben).

4. Für einen KSK 295° zeigt die Deviationstabelle eine DEV um etwa -1°, d.h. 1°W. Der mwSK beträgt somit 294°.

5. Der mißweisende Kurs (mwK, engl. Magnetic Course, MC) ist der Winkel zwischen mwN (MN) und der Richtung des geplanten Flugweges (Kartenkurslinie). (Zeichnung rechte Seite unten).

6. Course: geplanter Flugweg („Wie will ich fliegen?"),
als TC/rwK (Kartenkurs)
MC/mwK.

Heading: Steuerkurs („Wie muß ich fliegen?"),
als TH/rwSK
MH/mwsK
CH/KSK.

Track : Kurs über Grund („Wie bin ich geflogen?"),
als TT/rwK über Grund
MT/mwK über Grund.

7. KK   124°
   DEV   -4°
   mwK **120°**

   OM   4°E
   rwK **124°**

8. KSK   190°
   DEV   -2°

   mwSK   188°
   OM   3°E
   rwSK **191°**

9. CH   275°
   DEV   -2°
   MH   273°
   VAR   3°W
   TH   270°
   WCA **+10°**
   (TC 260°)

10. 1) DEV
    2) KSK
    3) mwK
    4) rwK
    5) L

(Fortsetzung Seite 210)

208

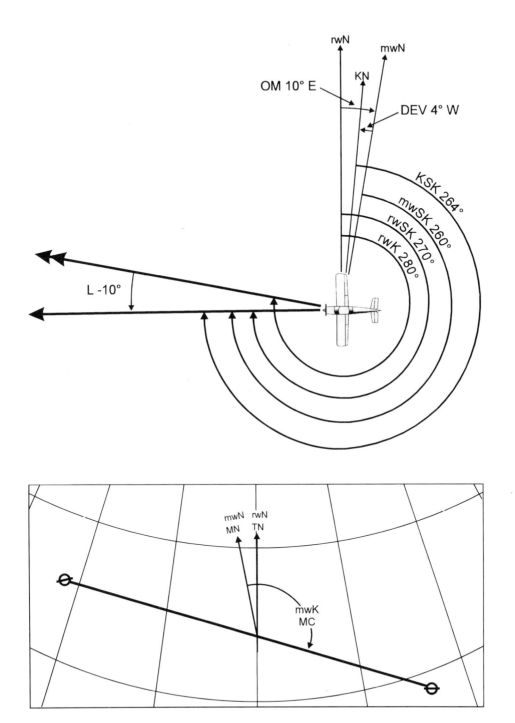

11. Umkehrkurs: rwSK 090°

12.

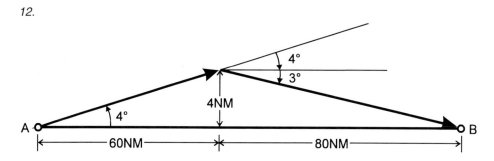

Kursverbesserungswinkel auf Parallelkurs
= 60 x 4 : 60 = 4°.

Zusätzlicher Kursverbesserungswinkel
zum Zielort = 60 x 4 : 80 = 3°.

Die Kursverbesserung nach B beträgt 7°
nach rechts.

13. Kursverbesserungswinkel auf Parallelkurs = 60 x 3 : 40 = 4,5°.

Zusätzliche Kursverbesserung zum
Zielort = 60 x 3 : 80 = 2,3°.

Die gesamte Kursverbesserung beträgt 8°.
Der mwSK wird von 180° auf 172° korrigiert.

14. Mißweisende Kurse über Grund (mwK,
engl. Magnetic Track, MT).

15. Das ist eine Denksportaufgabe:

Nach der 1:60 Regel beträgt bei 1° Kursabweichung nach 60 NM die seitliche Ablage 1°, bei 2° Kursabweichung nach 500 NM also ungefähr 17 NM. Die Frage ist nun, nach welcher Seite die Ablage erfolgt. Hierzu ein Beispiel:

Der Pilot will einen mwSK von 088° bzw. bei einer DEV 2°W einen KSK von 090° fliegen. Er versäumt, die Deviation zu berücksichtigen und steuert daher einen KSK von 088°. Damit fliegt das Flugzeug um 2° links der Kurslinie.

Nach 500 NM hat das Flugzeug also eine Ablage nach links von 17 NM.

Kapitel 8 „Flughöhe"

1. Nach § 6 LuftVO ist bei allen Flügen eine Flughöhe einzuhalten, bei der weder eine unnötige Lärmbelästigung noch eine unnötige Gefährdung von Personen und Sachen zu befürchten ist. D.h., abgesehen von den einzuhaltenden Werten für die Sicherheitsmindesthöhe sollte man über bewohntem Gebiet so hoch wie möglich fliegen.

Denken Sie daran, daß vor allem die Bevölkerung in der Umgebung der Flugplätze unter Fluglärm zu leiden hatte.

Steigen Sie daher nach dem Start möglichst schnell auf eine große Flughöhe und halten Sie im Anflug und Abflug die vorgegebene Platzrunde ein.

2. Die Halbkreisflughöhen beziehen sich auf mwK über Grund - mwK (MT).

Der mwK beträgt 177°, d.h. die zu wählenden Halbkreisflughöhen sind die Flugflächen 55, 75, 95 usw.

3. Das bestimmende Hindernis für die Festlegung der Mindesthöhe ist ein Hindernis mit 2.487 ft MSL im Norden des Militärflugplatzes Pferdsfeld.

Die Mindesthöhe beträgt aufgerundet 3.000 ft MSL (2.487 ft + 500 ft = 2.987 ft).

4. Aufgrund der Luftraumstruktur - Kontrollzone Hahn mit Obergrenze von 4.100 ft MSL - muß die Reiseflughöhe mindestens 4.100 ft MSL betragen.

5. Flugfläche 85, unterhalb des Luftraums Klasse C.

Kapitel 9 „Navigationsrechner"

1. 8.500 ft = 2.590 m.

2. 128 km = 69 NM.

3. 280 km : 2 + 10% = 140 + 14 = 154 NM.

4. 100 NM = 115 ML.

5. 158 MPH = 137 kt.

6. 110 kt x 2 - 10% = 220 - 22 = 198 km/h.

7. 800 ft/min = 4 m/s.

8. 255 l = 67,4 USGAL.

9. 210 l wiegen 151 kg.

10. 60 IMP GAL wiegen 433 lb.

11. Flugzeit 1:32.

12. Flugzeit 4:45.

13. Flugstrecke 375 NM.

14. V_G 178 kt.

15. Kraftstoffgesamtverbrauch 91 l.

16. Flugzeit 0:24.

17. L -8°
rwSK 015°
V_G 169 kt

18. WCA +3°
TH 217°
GS 142 kt

19. W/V 247/34.

20. A + 12°
rwK 102°
V_G 134 kt

MET 1-1

Wetterberatung der Allgemeinen Luftfahrt über automatische Anrufbeantworter

1. Neben individuellen Flugwetterberatungen stellt der DWD für die Allgemeine Luftfahrt zusätzlich Flugwettervorhersagen in deutscher Sprache als „Automatische Flugwetteransage (AFWA)" über Anrufbeantworter mit Mehrfachzugang bereit. Die Anrufbeantworter werden von den in Abs. 3 genannten Flugwetterwarten des DWD betrieben. Sie sind an das öffentliche Fernsprechnetz angeschlossen.

2. Flugwettervorhersagen werden für einen Bereich NORD und einen Bereich SÜD der Bundesrepublik Deutschland ausgegeben. Die Bereiche überlappen sich etwa zwischen dem Ruhr- und dem Rhein-Main-Gebiet sowie im Südteil der FIR Berlin. Die Vorhersagen für den Überlappungsbereich sind in beiden Berichten inhaltlich gleich.

3. Die Vorhersagen können in folgenden Ortsnetzen abgerufen werden:

a) Vorhersage für den Bereich NORD
   Berlin
   Bremen
   Düsseldorf
   Hamburg
   Hannover
   Köln-Bonn (Porz)
   Münster/Osnabrück

b) Vorhersage für den Bereich SÜD
   Frankfurt
   München
   Nürnberg
   Stuttgart

Die Länge der Berichte ist auf eine Sprechdauer von ca. drei Minuten abgestimmt.

4. Die Flugwettervorhersagen gelten für VFR-Flüge innerhalb der Bundesrepublik Deutschland bis zu einer Höhe von 10000 ft MSL. Im Sinne der nach § 3a LuftVO erforderlichen Flugvorbereitung sind sie einer individuellen Beratung gleichzusetzen, sofern sie in der letzten Stunde vor dem Start abgerufen werden.

Anmerkung: Bei Untersuchungen besonderer Vorkommnisse wird die Vorhersage, die eine Stunde vor dem Start zur Verfügung gestanden hat, als Grundlage herangezogen, sofern keine individuelle Beratung eingeholt worden ist.

5. Die Flugwettervorhersagen enthalten folgende Angaben:

a) Einleitender Text und Gültigkeitsdauer der Vorhersage;
b) Kurze Beschreibung der Wetterlage, Gefahrenhinweise und Hinweis auf die Thermik für den Segelflug (April bis Oktober);
c) Höhenwinde für die Höhen 1500 (nur Bereich NORD), 3000, 5000 und 10000 Fuß über NN;
d) Höhe der Nullgradgrenze über NN.
e) Vorhersage der vorherrschenden Sichtflugmöglichkeiten in den einzelnen GAFOR-Gebieten für jeweils drei aufeinanderfolgende 2-Stunden-Perioden, eingestuft nach den 4 Kriterien des internationalen GAFOR-Codes und den zusätzlichen, nur national gültigen GAFOR-Stufen, wie in Abs. 8 beschrieben;
f) Zeit der nächsten planmäßigen Aufsprache.

Aeronautical Meteorological Service for General Aviation via Automatic Telephone Responders

1. In addition to individual briefing and/or documentation the DWD provides flight weather forecasts for general aviation in German language as "Automatic Flight Weather Advisory (AFWA)" via automatic telephone responders with multiple access. The telephone responders are operated by the aeronautical meteorological offices of the DWD mentioned in para 3. They are connected to the public telephone system.

2. The flight weather forecasts are available for a Region NORTH and a Region SOUTH of the Federal Republic of Germany which overlap between the Ruhr and the Rhein-Main districts as well as in the southern part of the Berlin FIR. Contents of the forecasts for the overlapping region are identical in both forecasts.

3. The forecasts may be obtained within the following local telephone networks:

a) Forecasts for Region NORTH
   (030) 19725
   (0421) 19704
   (0211) 19721
   (040) 19713
   (0511) 19710
   (02203) 19702
   (02571) 19702

b) Forecast for Region SOUTH
   (069) 19737
   (089) 19706
   (0911) 19708
   (0711) 227964

The length of forecasts is adjusted to a recording time of about 3 minutes.

4. The forecasts apply to VFR flights within the Federal Republic of Germany and cover altitudes up to 10000 ft MSL. The forecasts are considered – in the sense of the flight preparation required according to § 3a of the "Luftverkehrs-Ordnung" – to be a full substitute for individual briefing if they are obtained within the last hour before take-off.

Remark: when investigating special incidents the forecast available one hour before take-off will be taken as the basis, if no individual briefing has been obtained.

5. The forecasts contain the following information:

a) Introductory text and period of validity of the forecast;
b) short description of the general weather conditions, information on hazards and on information on thermic current for glider flying (April – October);
c) Upper winds for the altitudes 1500 (area NORTH only), 3000, 5000 and 10000 ft MSL;
d) altitude of freezing level above MSL.
e) forecast of prevailing VFR conditions in each GAFOR area for three consecutive 2-hour-periods, classified according to the 4 criteria of the international GAFOR Code and the additional GAFOR classification steps only nationally applicable as described in para 8;
f) time of next scheduled recording.

DFS DEUTSCHE FLUGSICHERUNG GMBH   **25 NOV 1993**

MET 1-2

6. Ausgabezeiten und Gültigkeitsdauer der Berichte.   6. Times of issue and periods of validity of recordings.

		Gültigkeitsdauer der Vorhersage Period of Validity of Forecast		
Ausgabezeit ¹) (UTC) Time of issue	gesamt total	1. Periode 1st Period	2. Periode 2nd Period	3. Periode 3rd Period
0230 ²)	0300 – 0900	0300 – 0500	0500 – 0700	0700 – 0900
0530	0600 – 1200	0600 – 0800	0800 – 1000	1000 – 1200
0830	0900 – 1500	0900 – 1100	1100 – 1300	1300 – 1500
1130	1200 – 1800	1200 – 1400	1400 – 1600	1600 – 1800
1430	1500 – 2100	1500 – 1700	1700 – 1900	1900 – 2100
2030		Aussichten für den Folgetag Further outlook for the following day		

¹) Zwischenzeitliche Aufsprachen sind bei unvorhergesehenen Wetteränderungen zwischen den planmäßigen Berichten von 0230 bzw. 0530 bis 1730 UTC vorgesehen.

²) Nur während der Gültigkeit der gesetzlichen Sommerzeit.

¹) If unexpected changes of weather conditions occur, intermediate recordings between the regular reports will be made from 0230 or 0530 respectively until 1730 UTC.

²) Only during legal summer time.

7. Die Aufsprache der Sichtflugmöglichkeiten erfolgt für die 3 Vorhersageperioden je Gebiet mit den Anfangsbuchstaben der englischen Stufenbezeichnungen CHARLIE, OSCAR, DELTA, MIKE und X-RAY. Für die Stufen DELTA und MIKE werden zusätzlich Ziffern von 1 bis 8 angegeben, die einen Rückschluß darauf zulassen, ob die Einstufungen auf der Sichtweite oder auf der Wolkenuntergrenze beruhen. Die Gebietsnummern werden in aufsteigender Reihenfolge genannt.

7. The recording of VFR conditions for all 3 forecast periods for each area includes the initial letters of the English classifications CHARLIE, OSCAR, DELTA, MIKE, X-RAY. The classifications DELTA and MIKE will be subdevided into 8 steps (figures 1 to 8) indicating whether the classifications are based on the visibility or the cloud base. The numbers of the areas are given in ascending order.

8. Die Einstufung der Sichtflugmöglichkeiten erfolgt in der Bundesrepublik Deutschland nach folgenden Kriterien:

8. In the Federal Republic of Germany the step classification of possibilities for VFR flights is based on the following criteria:

a. Hauptstufen:

a. Main Classifications:

CHARLIE = C
(nur national gültig/applies nationally only)

Horizontale Sichtweite am Boden 10 km oder mehr und keine Wolken mit einem Bedeckungsgrad von ⅛ oder mehr unterhalb 5000 ft über der jeweiligen Bezugshöhe.

Horizontal visibility at ground level of 10 km or more and no clouds with a coverage of ⅛ or more below 5000 ft above the respective reference altitude.

OSCAR = O
(Offen/Open)

Horizontale Sichtweite am Boden 8 km oder mehr und keine Wolkenuntergrenze* unter 2000 ft über der jeweiligen Bezugshöhe.

Horizontal visibility at ground level of 8 km or more and cloud base* not below 2000 ft above the respective reference altitude.

DELTA = D
(Schwierig/Difficult)

Horizontale Sichtweite am Boden weniger als 8 km, mindestens jedoch 3 km und/oder Wolkenuntergrenze* unter 2000 ft, jedoch nicht unter 1000 ft über der jeweiligen Bezugshöhe.

Horizontal visibility at ground level of less than 8 km, however at least 3 km and/or cloud base* below 2000 ft, but not below 1000 ft above the respective reference altitude.

MIKE = M
(Kritisch/Marginal)

Horizontale Sichtweite am Boden weniger als 3 km, mindestens jedoch 1,5 km und/oder Wolkenuntergrenze* unter 1000 ft, jedoch nicht unter 500 ft über der jeweiligen Bezugshöhe.

Horizontal visibility at ground level of less than 3 km, however at least 1.5 km and/or cloud base* below 1000 ft, but not below 500 ft above the respective reference altitude.

25 NOV 1993   DFS DEUTSCHE FLUGSICHERUNG GMBH

MET 1–3

X-RAY = X
(Geschlossen/Closed)

Horizontale Sichtweite am Boden weniger als 1,5 km und/oder Wolkenuntergrenze* unter 500 ft über der jeweiligen Bezugshöhe	Horizontal visibility at ground level of less than 1.5 km and/or cloud base* below 500 ft above the respective reference altitude.
Achtung: Flüge nach Sichtflugregeln sind **nicht** möglich!	Attention: VFR flights are **not** possible!
* Bedeckungsgrad ⅝ oder mehr Anm.: "und/oder" bedeutet hier, daß jeweils das ungünstigere der beiden Kriterien Sichtweite und Wolkenuntergrenze für die Einstufung ausschlaggebend ist.	* cloud coverage ⅝ or more Remark: "and/or" signifies that the less favourable of the two criteria "visibility" and "cloud base" is decisive for the classification.
b. Unterstufen für die Hauptstufen DELTA und MIKE in Form einer Ziffer von 1-8 gemäß nachfolgendem Schema. Die Bezugshöhen der einzelnen Gebiete sind in der Karte auf Seite MET 1-5 und in der Liste auf Seite MET 1-6 angegeben.	b. Sub-classifications for the main classifications DELTA and MIKE expressed by figures 1 to 8 according to the following scheme. The reference altitudes for each area are published in the chart on page MET 1-5 and in the list on page MET 1-6.

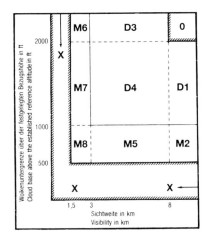

c. Einstufungsbeispiel:	c. Example for classification:

34 M7 D4 O

Für das Gebiet 34 (Niederrheinische Bucht, Bezugshöhe 700 ft NN) sind in diesem Beispiel folgende Sichtflugbedingungen vorhergesagt:	For area 34 (Niederrheinische Bucht, reference altitude 700 ft MSL) the following VFR conditions are forecast:
Erste 2-Stunden-Periode: Horizontale Sichtweite am Boden zwischen 1.5 und 3 km und eine Wolkenuntergrenze (⅝ oder mehr) zwischen 1000 und 2000 ft über der Bezugshöhe, bzw. 1700 und 2700 ft über NN;	1st 2-hour period: horizontal visibility at ground level between 1.5 and 3 km and a cloud base (⅝ or more) between 1000 and 2000 ft above the reference altitude or 1700 and 2700 ft MSL;
Zweite 2-Stunden-Periode: Horizontale Sichtweite am Boden zwischen 3 und 8 km und eine Wolkenuntergrenze wie in der ersten 2-Stunden-Periode;	2nd 2-hour period: horizontal visibility at ground level between 3 and 8 km and a cloud base as for the first 2-hour period;
Dritte 2-Stunden-Periode: Horizontale Sichtweite am Boden 8 km oder mehr und keine Wolkenuntergrenze (⅝ oder mehr) unter 2000 ft über der Bezugshöhe, bzw. 2700 ft über NN.	3rd 2-hour period: horizontal visibility at ground level of 8 km and more and a cloud base (⅝ or more) not below 2000 ft above the reference altitude, or 2700 ft MSL.

DFS DEUTSCHE FLUGSICHERUNG GMBH   **25 NOV 1993**

MET 1-4

Anmerkung: Bei einer Einstufung MIKE (kritisch) wird empfohlen, bei der zuständigen Flugwetterwarte eine individuelle Beratung einzuholen (Tel. Nr. unter AIP Band VFR AGA – nächstgelegener Flughafen).	Remark: When classification MIKE (marginal) is indicated, it is recommended to obtain individual briefing from the competent aeronautical MET office (Tel. No. under AIP VFR AGA – next aerodrome).
Allgemein ist zu beachten, daß die vorhergesagten Stufen der Sichtflugmöglichkeiten zwar im weitaus größten Teil der jeweiligen Gebiete vorherrschend sein sollen. Kleinräumige oder kurzzeitige Abweichungen sind jedoch möglich.	In general it should be observed that the classification of VFR conditions are to be considered as predominant within the larger part of the areas concerned; however, minor local or temporary deviations may occur.
9. Zur Abkürzung der Übermittlungszeit und zur Erleichterung der geographischen Bezeichnung dient eine ziffernmäßige Gebietseinteilung. Sie wurde so vorgenommen, daß flugklimatologisch einheitliche Räume möglichst zusammengefaßt sind. Die Gebiete wurden im wesentlichen von Westen nach Osten und von Norden nach Süden durchnumeriert. Sie sind auf Seite MET 1-5 dargestellt. Eine Liste der entsprechenden geographischen Bezeichnungen befindet sich auf Seite MET 1-6.	9. In order to reduce transmission time and to simplify the geographical designation a numerical subdivision of regions is applied, compiling areas of identical aeronautical climatological conditions as far as possible. In the main, the areas are numbered consecutively from West to East and from North to South. They are depicted on page MET 1-5. The corresponding geographical designations are listed on page MET 1-6.
Formblätter mit einer kartographischen Darstellung der GAFOR-Gebiete können durch den Wirtschaftsdienst des DAeC (Lyoner Straße 16, 60528 Frankfurt/M.) bezogen werden.	Pro-formas showing the GAFOR areas may be obtained from the "Wirtschaftsdienst" of the German Aero Club.
10. Die beiden Vorhersagebereiche umfassen folgende Gebiete:	10. The two forecast regions comprise the following areas:

NORD	01	02	03	04	05	06	07	08	09	
	10	11	12	13	14	15	16	17	18	19
	20	21	22	23						
NORTH	**24**	**25**	**26**	**27**	**28**					
	31	**32**	**33**	**34**	**35**	**36**	**37**	**38**	**39**	
	41	**42**	**43**	**44**	**45**	**46**	**47**		SÜD	
	51	52	53	54	55	56				
	61	62	63	64						
	71	72	73	74	75	76				
	81	82	83	84				SOUTH		

Die Gebiete 24 – 47 stellen den in Abs. 2 angegebenen Überlappungsbereich dar.	The areas 24 – 47 represent the overlap region referred to in para 2.
11. Der Deutsche Wetterdienst hat eine "Regionale Flugklimatologie für die Allgemeine Luftfahrt" (RFK) herausgegeben. Sie enthält im	11. The Deutscher Wetterdienst has issued a "Regionale Flugklimatologie für die Allgemeine Luftfahrt (RFK)", containing
Teil A: eine umfassende Beschreibung des AFWA/ GAFOR-Systems.	Part A: a complete description of the AFWA/GAFOR system.
Teil B: eine Beschreibung der Wettererscheinungen, die für die Allgemeine Luftfahrt von besonderer Bedeutung sind.	Part B: a description of weather phenomena being of particular significance for general aviation.
Teil C: eine Zusammenstellung der flugklimatologischen Eigenschaften und Besonderheiten der einzelnen GAFOR-Gebiete.	Part C: an assortment of flight climatological characteristics and particulars of each GAFOR area.
Die RFK kann vom Deutschen Wetterdienst in Frankfurter Straße 135, 63067 Offenbach zum Preis von DM 57.– bezogen werden.	The RFK may be purchased from the Deutscher Wetterdienst, Frankfurter Straße 135, 63067 Offenbach. The price is DM 57.–

25 **NOV 1993**   DFS DEUTSCHE FLUGSICHERUNG GMBH

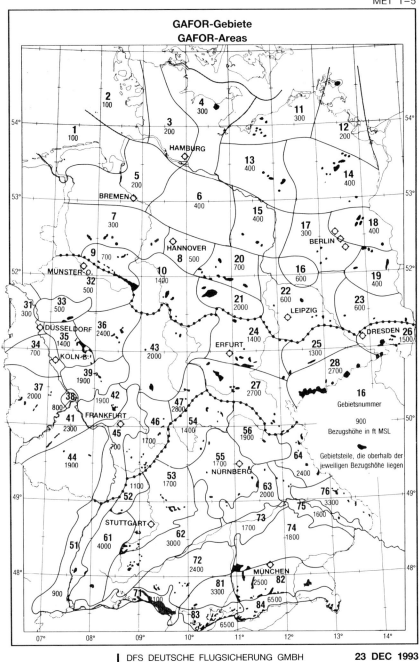

MET 1-6

GAFOR-Gebiete
GAFOR-Areas

Gebietsnummer Area number	Geographische Bezeichnung Geographical designation	Bezugshöhen in ft MSL Reference Altitude in ft MSL
Vorhersagebereich NORD / Forecast region NORTH		
01	Ostfriesland	100
02	Nordfriesland-Dithmarschen	100
03	Schleswig-Holsteinische Geest	200
04	Schleswig-Holsteinisches Hügelland	300
05	Nordwestliches Niedersachsen	200
06	Lüneburger Heide	400
07	Westliches Niedersachsen	300
08	Hannover	500
09	Teutoburger Wald	700
10	Weser-Leine Bergland	1400
11	Mecklenburgisches Tiefland	300
12	Vorpommern	200
13	Westliche Mecklenburgische Seenplatte und Prignitz	400
14	Östliche Mecklenburgische Seenplatte und Uckermark	400
15	Altmark	400
16	Hoher Fläming	600
17	Rhin-Havelluch und Ostbrandenburgisches Seengebiet	300
18	Barnim und Oderbruch	400
19	Spreewald und Gubener Waldland	400
20	Magdeburger Börde und Nördliches Harzvorland	700
21	Harz	2000
22	Leipziger Tieflandsbucht und Elbe-Elster Niederung	600
23	Niederlausitzer Heiden	600
Vorhersagebereiche NORD und SÜD / Forecast regions NORTH and SOUTH		
24	Thüringer Becken	1400
25	Mittelsächsisches Hügelland	1300
26	Oberlausitz und Lausitzer Gebirge	1500
27	Thüringer Wald, Frankenwald und Fichtelgebirge	2700
28	Erzgebirge	2700
31	Niederrheinisches Tiefland	300
32	Münsterland	500
33	Ruhrgebiet	500
34	Niederrheinische Bucht	700
35	Bergisches Land	1400
36	Sauerland	2400
37	Eifel	2000
38	Neuwieder Becken	800
39	Westerwald	1900
41	Hunsrück	2300
42	Taunus	1900
43	Nordhessisches Bergland mit Vogelsberg	2000
44	Rheinpfalz und Saarland	1900
45	Rhein-Main Gebiet und Wetterau	700
46	Odenwald und Spessart	1700
47	Rhön	2800

23 DEC 1993 | DFS DEUTSCHE FLUGSICHERUNG GMBH

MET 1–6A

GAFOR-Gebiete
GAFOR-Areas

Gebietsnummer Area number	Geographische Bezeichnung Geographical designation	Bezugshöhen in ft MSL Reference Altitude in ft MSL
Vorhersagebereich SÜD/Forecast region SOUTH		
51	Oberrheinische Tiefebene	900
52	Kraichgau	1100
53	Neckar-Kocher-Jagst-Gebiet	1700
54	Mainfranken und Nördliches Unterfranken	1400
55	Mittelfranken	1700
56	Oberfranken	1900
61	Schwarzwald	4000
62	Schwäbische Alb	3000
63	Fränkische Alb	2000
64	Oberpfälzer Wald	2400
71	Hochrhein- und Bodenseeraum	2100
72	Schwäbische Hochebene	2400
73	Westliche Donauniederung	1700
74	Südbayerisches Hügelland	1800
75	Östliche Donau- und Naabniederung	1600
76	Bayerischer Wald	3300
81	Westliches Alpenvorland	3300
82	Östliches Alpenvorland	2500
83	Allgäuer Alpen	6500
84	Östliche Bayerische Alpen	6500

DFS DEUTSCHE FLUGSICHERUNG GMBH   **25 NOV 1993**

Abkürzungen

A > Abtrift(winkel)
AIP > Aeronautical Information Publication
ATA > Actual Time of Arrival > Aktuelle Ankunftszeit
ATD > Actual Time of Departure > Aktuelle Abflugzeit
ATIS > Automatic Terminal Information Service > Lande- und Startinformationen
ATO > Actual Time Over > Aktuelle Überflugzeit

CC > Compass Course > KK

CEST > Central European Summertime > MESZ
CET > Central European Time > MEZ
CH > Compass Heading > KSK
CN > Compass North > KN
CWC > Cross Wind Component > QWKp

DA > Drift Angle > A
DEP > Departure > Abweitung
DEV > Deviation
DFS > Deutsche Flugsicherung GmbH
DIN > Deutsche Industrie Norm
DLat > Difference of Latitude > Breitenunterschied
DLon > Difference of Longitude > Längenunterschied

E > East > O
ENE > East-North-East > ONO
ESE > East-South-East > OSO
ETA > Estimated Time of Arrival > Voraussichtliche Ankunftszeit
ETD > Estimated Time of Departure > Voraussichtliche Abflugzeit
ETO > Estimated Time Over > Voraussichtliche Überflugzeit

FIS > Flight Information Service > Fluginformationsdienst
fsm > Flugsicherheitsmitteilung (LBA)
ft > Feet > Fuß (plural)

GAL > Gallon > Gallone
GC > Great Circle > Großkreis
GND > Ground > Grund
GS > Ground Speed > VG
GWKp > Gegenwindkomponente

h > Hour > Stunde
HDG > Heading > Steuerkurs
HWC > Headwind Component > GWKp

ICAO > International Civil Aviation Organization > Internationale Zivilluftfahrtorganisation
IFR > Instrument Flight Rules > Instrumentenflugregeln

KK > Kompaßkurs
KN > Kompaß-Nord
KSK > Kompaßsteuerkurs
kt > Knot(s) > Knoten

l > Liter
L > Luvwinkel
Lat > Latitude > Geographische Breite
lb > Pound > Pfund
LMT > Local Mean Time > MOZ
Lon > Longitude > Geografische Länge
LOP > Line of Position > Standlinie
LuftVO > Luftverkehrsordnung

MC > Magnetic Course > mwK
MEZ > Mitteleuropäische Sommerzeit
MH > Magnetic Heading > mwSK
MN > Magnetic North > mwN
MOZ > Mittlere Ortszeit
MPH > Miles Per Hour > Meilen pro Stunde
MSL > Mean Sea Level > Mittlerer Meeresspiegel
MT > Magnetic Track > mwK
mwK > mißweisender Kurs über Grund
mwN > mißweisend Nord
mwSK > mißweisender Steuerkurs

N > Nord > North

NDB > Non-Directional Beacon > Ungerichtetes Funkfeuer
NE > North-East > NO
NM > Nautical Mile > Seemeile
NNE > North-North-East > NNO
NNO > Nord-Nord-Ost
NNW > Nord-Nord-West > North-North-West
NO > Nord-Ost
NW > Nord-West > North-West

O > Ost
OM > Ortsmißweisung
ONO > Ost-Nord-Ost
OSO > Ost-Süd-Ost

PPL > Privat-Piloten-Lizenz
PPR > Prior Permission Required > Vorherige Genehmigung erforderlich

QWKp > Querwindkomponente

RL > Rhumb Line > Kursgleiche
RWA > Relative Wind Angle > WE
rwK > rechtweisender Kurs > über Grund
RWKp > Rückenwindkomponente
rwN > rechtweisend Nord
rwSK > rechtweisender Steuerkurs

S > Süd > South
s > Sekunde > Second
SE > South-East > SO
sm > Seemeile
SO > Süd-Ost
SR > Sunrise > Sonnenaufgang
SS > Sunset > Sonnenuntergang
SSE > South-South-East > SSO
SSO > Süd-Süd-West

TAS > True Air Speed > VE
TC > True Course > rwK
TH > True Heading > rwSK

TN > True North > rwN
TRA > Temporary Reserved Airspace > Zeitweilig reservierter Luftraum
TT > True Track > rwK
TWC > Tail Wind Component > RWKp

UTC > Universal Time Coordinated > Koordinierte Weltzeit

VAR > Variation > OM
V_E > Wahre Eigengeschwindigkeit
VFR > Visual Flight Rules > Sichtflugregeln
V_G > Fluggeschwindigkeit über Grund
VOR > Very High Frequency Omnidirectional Radio Range > UKW-Drehfunkfeuer
V_W > Windgeschwindigkeit

W > West > West
WA > Wind Angle > WW
WCA > Wind Correction Angle > L
WD > Wind Direction > WR
WE > Windeinfallswinkel
WNW > West-Nord-West > West-North-West
WR > Windrichtung
WSW > West-Süd-West > West-South-West
WW > Windwinkel

yd > Yard(s)

ZT > Zone Time > ZZ
ZZ > Zonenzeit

Literaturverzeichnis

Bundesministerium für Verkehr:
„PPL-Fragenkatalog", Bonn

Department of the Air Force:
„Instrument Flying"
Washington, 1966

DFS Deutsche Flugsicherung GmbH:
„Luftfahrthandbuch Bundesrepublik Deutschland"

Dohm, J.:
„The American Flight Navigator",
Pan American Navigation Service,
USA, 1958

Federal Aviation Administration:
„How to become a pilot", Washington

Hake, G.:
„Kartographie I",
Sammlung Göschen, Berlin, 1992

Hermann, J.:
„dtv-Atlas zur Astronomie",
Deutscher Taschenbuch Verlag, 1983

Lang, F.:
„Flugnavigation",
Bundesanstalt für Flugsicherung,
Flugsicherungsschule München, 1972

Luftfahrt-Bundesamt:
Flugsicherheitsmitteilungen
„Dieses Kursbuch hilft zum Glück bei rwK und mwKüG!", 1986
„Geplantes Fliegen - Fliegen nach Plan", 1987
„Navigation - Glücksache?", 1987

Lyon, T.:
„Practical Air Navigation",
Jeppesen, Denver, 1978

Simon, H.:
„Instrumentenflugkunde und Navigation",
Hanns Reich Verlag, München, 1961

Wilhelmy, H.:
„Kartographie in Stichworten",
Verlag F. Hirt, 1975

Bedienungsanleitung des Aristo-Aviat

Der Autor

Der Autor, Jahrgang 1948, Studium der Flugtechnik an der Technischen Universität Berlin, von 1975 bis 1985 Referent für Luftraumplanung und Instrumentenflugverfahren bei der Bundesanstalt für Flugsicherung in Frankfurt, von 1986 bis 1993 Professor an der Fachhochschule des Bundes, Abteilung Flugsicherung, in Langen. Seit 1993 Leiter des "Büro der Nachrichten für Luftfahrer" bei der Deutschen Flugsicherung (DFS). Viele Jahre Theorielehrer bei einer Flugschule und im Fliegerclub. Besitz der Privatpilotenlizenz mit Instrumentenflugberechtigung.

Alles über Luft- und Raumfahrt!

Zwei aktuelle Magazine informieren umfassend und kompetent über die neuesten Themen im Flugbereich. Fundierte Beiträge mit faszinierenden Farbfotos, aktuelle Berichte und Fachinformationen aus aller Welt – das alles finden Sie monatlich neu in aerokurier und FLUG REVUE.

Das ganze Spektrum der zivilen Luftfahrt: Motor- und Segelflug, Luftsport und Luftverkehr, Geschäfts- und Privatfliegerei.

Alles Wissenswerte aus der Zivil- und Militärluftfahrt, Raumfahrt, Forschung, Technik, Entwicklung und Historie.

Jeden Monat aktuell im Zeitschriftenhandel